全国教育科学规划青年课题资助

ZHONGXUE YU DAXUE
JIAOYU DE XIANJIE

CHUANGXIN RENCAI PEIYANG
XIANGMU PINGJIA DE SHIJIAO

中学与大学教育的衔接

创新人才培养项目评价的视角

马莉萍　著

知识产权出版社

全国百佳图书出版单位
——北京——

图书在版编目（CIP）数据

中学与大学教育的衔接：创新人才培养项目评价的视角 / 马莉萍著 . —北京：知识产权出版社，2019.12

ISBN 978-7-5130-6458-3

Ⅰ . ①中… Ⅱ . ①马… Ⅲ . ①中学教育—教育研究—中国 ②高等教育—教育研究—中国 Ⅳ . ① G639.2 ② G649.2

中国版本图书馆 CIP 数据核字（2019）第 202968 号

内容提要

为了弥补中学与大学教育的断裂，近年来先后涌现出多类创新人才培养项目，如"中国大学先修课""英才计划"等。那么，这些项目的实施效果如何？是否实现了衔接中学与大学教育的目标？本书在相关理论的基础上，通过问卷调查、访谈等方式，从学生发展的视角对项目效果进行了全面评估，并就如何构建中学与大学一体化教育体系、如何帮助学生尽快适应大学生活等问题展开了讨论。

责任编辑：李 婧 责任印制：孙婷婷

中学与大学教育的衔接——创新人才培养项目评价的视角

马莉萍 著

出版发行：	知识产权出版社 有限责任公司	网 址：	http://www.ipph.cn
电 话：	010-82004826		http://www.laichushu.com
社 址：	北京市海淀区气象路 50 号院	邮 编：	100081
责编电话：	010-82000860 转 8594	责编邮箱：	laichushu@cnipr.com
发行电话：	010-82000860 转 8101	发行传真：	010-82000893
印 刷：	北京中献拓方科技发展有限公司	经 销：	各大网上书店、新华书店及相关专业书店
开 本：	720mm×1000mm 1/16	印 张：	13.5
版 次：	2019 年 12 月第 1 版	印 次：	2019 年 12 月第 1 次印刷
字 数：	220 千字	定 价：	58.00 元

ISBN 978-7-5130-6458-3

目 录 / CONTENTS

上篇
大学先修课

中篇
"英才计划"

下篇
高中毕业到大学适应

附录

绪　论

一、研究背景

"衔接"一词是指事物首尾相互连接。而教育衔接是指学生在不同的教育阶段如何不产生鸿沟,有效地进行过渡,不产生学习上的断裂。教育的整体性是不能忽视的重要问题,中学教育与大学教育之间的断裂是国内外学界一直关注的重要课题。从我国的情况来看,高中与大学在培养目标上有明显的偏差。在高考指挥棒的作用之下,高中最为关心的指标是本科达线率和重点大学升学率,教师为考试而教、学生为考试而学已成常态。与之相比,大学更加关注学生的综合素质、就业能力、科研潜力等方面的培养。这就使得尽管大学希望招录的学生未必是在高考中取得高分的学生,但分数仍然是唯一的录取标准。石中英教授曾如此评价中学教育与大学教育间的关系:"如圆的相切而不相交,相切是外切不是内切。高中教育和大学教育间有一个相切点,就是高考。"如何使得中学教育与大学教育真正产生重叠,而不仅只是通过高考产生连接?如何能够真正贯通学生的学习过程,而不再只是为了考试而学习?

近年来,国家出台诸多相关的文件强化教育体系内的整体性。2005年,教育部颁发了《教育部关于整体规划大中小德育体系的意见》,从德育视角强调大学、中学、小学的衔接;2008年,《教育部关于普通高中新课程省份深化高校招生考试改革的指导意见》首次提出普通高中新课程改革如何与高考衔接的问题；2010 年，《国家中长期教育改革和发展规划纲要（2010—2020 年)》明确提出"树立系统培养观念，推进小学、中学、大学有机衔接，教学、科研、实践紧密结合，学校、家庭、社会密切配合，加强学校之间、校企之间、学校与科研机构之间合作以及中外合作等多种联合培养方式，形成体系开放、机制灵活、渠道互通、选择多样的人才培养体制"。

与此同时，为了打破"一考定终身"的弊端，高考改革也在持续推进。2003 年，教育部颁布了《关于做好高等学校自主选拔录取改革试点工作的通知》，明确指出建立"以统一考试录取为主、多元化评价与多样化录取相结合，学校自我监督和政府宏观调控、社会有效监督相结合的选拔创新人才的新机制"。自此，自主招生政策正式拉开序幕。2005 年，教育部进一步发文强调了自主招生的重要性，并扩大了自主招生的比例，指出"切实选拔综合素质高、有创新精神和实践能力强的人才"。《关于深化考试招生制度改革的实施意见》明确提出，"2014 年启动考试招生制度改革试点，2017 年全面推进，到 2020 年基本建立中国特色现代教育考试招生制度，形成分类考试、综合评价、多元录取的考试招生模式"。

综合评价、多元录取意味着探索高考外的人才培养和选拔模式。在此背景下，大学、中学及相关机构都在积极探索中学与大学教育的衔接项目，大学先修课、"英才计划"等创新人才培养项目蓬勃兴起。

中国大学先修课在很大程度上借鉴了美国大学先修课模式（Advanced Placement，AP），该项目由美国大学理事会（College Board）于 1955 年正式设立，一方面为解决第二次世界大战后高中教育与大学教育差距扩大的问题；另一方面也为与苏联抗衡大力发展精英教育。因此，在高中阶段开设了达到大学学术标准的课程，而学生在修读课程并通过统一考试后，即可获得大学认可的学分，或者获准在进入大学后直接开始高级课程的学习。从美国的实践来看，大学先修课项目弥合了高中到大学课程的断裂，在一定程度上实现了有效衔接，也为学有余力的天赋学生提供了高难度的个性化的课程。大学先修课成绩由此被作为大学招生的评价标准之一，增加了高中生被大学录取的机会。在大学先修课中获得优异成绩的学生进入大学后，可以免修相关课程的学分，减轻了部分学生就读大学的经济负担，并提高了大学的学业完成率。

中国大学先修课不是对美国大学先修课程的简单复制，而是按照我国中学和大学教育的现实情况出发而设计的课程体系。2013 年，北京大学启动"中国大学先修课"的改革试点。随后，清华大学和中国教育学会也相继启动类似项目，虽然项目模式、覆盖范围、举办形式略有不同，但都将实现"高中教育与高等教育的衔接"作为项目的主要目标之一。

另一项促进高中和大学教育衔接的项目是"英才计划"。为了落实《国家中长期教育改革和发展规划纲要（2010—2020 年)》关于"支持有条件的高中与大学、科研院所合作开展创新人才培养研究和试验，建立创新人才培养基地"的要求，2013 年中国科学技术协会在全国部分重点高校开展中学生科技创新后备人才培养计划（以下简称"英才计划"）。"英才计划"侧重实现三个衔接："英才计划"与中学教育改革有效衔接；"英才计划"与大学教育紧密衔接；"英才计划"与"拔尖计划"的衔接。而这三个衔接也恰恰是中学教育与大学教育衔接的关键。

"英才计划"通过选拔一批品学兼优、学有余力、具有创新潜质的中学生进入大学，在自然科学基础学科领域（数学、物理、化学、生物和计算机五大学科）著名科学家的指导下参加为期一年的科学研究项目、科技社团活动、学术研讨和科研实践等活动。在此过程中，学生感受名师魅力，体验科研过程，激发科学兴趣，提高创新能力，树立科学志向。同时，推动一批基础学科较强的重点高校、科研机构开发开放优质科技教育资源，建立高校与中学联合发现和培养青少年科技创新人才的有效模式。

大学先修课和"英才计划"是我国促进中学教育与大学教育衔接的里程碑式的项目，在全国范围内产生了重要影响。然而，目前仍然缺少基于系统调研的全面研究，尤其是分析项目在衔接方面发挥了多大作用，存在哪些问题，如何进行调整，未来的发展方向如何，等等。

二、理论基础

（一）教育衔接理论

目前，国内关于教育衔接的研究主要可以分为三大类。第一类是关于衔接机制的整体概念性研究，这类研究数量相当多，同时有许多国内外的对比研究，如比较各国高中与大学教育的衔接实践，包括培养目标、课程内容、教学方法等多方面的内容，提出促进衔接的建议。❶第二类则是从各学科教学的视角进行研究，如以能源类专业作为其研究的对象，从课程的设置、安排建议方面达到有效的衔接。❷第三类是关于衔接影响因素的研究。回顾已有的国内研究可以发现，现有研究主要将影响因素分为两大类：一是学生个体因素，其中又可细分为先赋性因素和后致性因素，前者如生理遗传、社会出身等学生个人及家庭特征，后者则包括学习、教育等；二是社会制度，包括中央、地方及各校相关政策文本、法规或规范及最重要的高考制度。教育衔接及其相关的研究均建立在多种理论的基础上，包括教育系统论、建构主义理论、中等教育思想、教育衔接理论等。

1. 教育系统论

系统论是奥地利生物学家贝塔朗菲（Bertalanffy）创立的一门逻辑和数学领域的科学。系统广泛地存在于自然、社会和思维等各个领域之中，其主要的本质特征便在于有机的整体性，而任何具有整体性的系统，它的内部之间都是有机的，不论该部分是否能作为相对独立部分，都存在于系统整体中，并且系统内各子系统之间的联系相互依存和制约。❸

1950 年代，系统论开始被应用于教育研究当中，以系统论为指导的教育观

---

❶ 綦春霞，周慧．高中教育与大学教育的衔接：国际经验与本土实践 [J]．教育学报，2014, 10(4): 26–33.

❷ 邱美艳．能源类专业"中高本硕"不同教育层次的衔接与融合 [J]．中国轻工教育，2017(6): 81–85.

❸ 李金松．系统论、信息论、控制论与教育改革 [M]．武汉：湖北教育出版社，1989.

强调破除"平面单线型"的教育结构，重新建立一个多层次、多元化的立体教育结构；提倡在同一层次的各类教育之间，如初等教育、中等教育及高等教育间建立交叉性联系，在各级学校的纵向衔接方面，打破升学考试"一刀切"的方式。同时，系统论也认为应该破除"一次性"的教育思想，对人实行终生教育。在学校教育中要培养学生的学习兴趣和自我学习的习惯，开拓视野，使学生形成稳固的知识结构。**❶** 教育系统通过整体与部分（子系统）、整体与外部的相互联系与作用，实现一定的教育功能。

在教育系统论的视角下，可以从教育结构探讨教育衔接项目的发展目标，探索中学和大学在人才培养体系方面的可能性和有效途径，同时，讨论教育衔接项目作为高校自主招生综合评价指标的可行性，探索多元化的创新人才选拔机制。此外，从学校教育对学生的培养而言，可以从差异化学习兴趣和需求方面分析教育衔接项目的实施效果。

2. 建构主义理论

建构主义源于 1980 年代，最早由瑞士心理学家皮亚杰（Jean Piaget）提出，后经布鲁纳（J. S. Braner）和维果斯基（Lev Vygotsky）等教育家不断完善而成。

建构主义学习理论的基本假设是人是主动的学习者，人必须为自己建构知识。在课程教学上，建构主义强调整合课程，学生能够通过不同的途径和方法学习一个主题，教师也不按传统的集体传授的方式进行教学，而是让学生进行动手操作、社会互动，从而主动参与学习。基于此，学生将超越学习的基本要求，有了进一步探索的学习兴趣。建构主义理论观点对于教学与课程设计有重要的实践意义。最直接的建议是使学生主动参与到他们的学习之中，并提供能挑战他们思维、迫使他们重组观念的经验。**❷**

基于建构主义的已有假设，以大学先修课、"英才计划"为代表的教育衔接项目，都有别于传统课堂，注重对学生自学能力、逻辑思维能力、分析问题和解决问题能力的培养，这将在一定程度上改变学生学习和思维的方式，从而扭转目前应试教育中对于学生记忆能力的强调，以及对僵化、刻板内容的考察。

---

❶ 李金松.系统论、信息论、控制论与教育改革[M].武汉：湖北教育出版社，1989.
❷ 戴尔·H.申克.学习理论：教育的视角[M].韦小满，译.南京：江苏教育出版社，2004.

3. 中等教育理论

早在 1930 年代，美国教育家罗伯特·赫钦斯（Robert Maynard hutchins）便指出："人们习惯于从大学内部思考大学存在的一些问题，而很少从大学教育与中等教育联系的角度考虑教育思想混乱这个问题。"❶ 另一位美国教育家欧内斯特·博耶（Evnest L. Boyer）也指出："中学和大学间需要形成一种新的伙伴关系。只有当中学和大学对它们应该走向何方有着共同的见解，这种教育才更有生命力。"❷

关于中学教育与大学教育衔接概念的真正落实要追溯到"十人委员会"，这个委员会的宗旨为"调节中等学校和大学的关系"。进入 20 世纪，中学教育改革成为美国教育改革的主要内容，其中，中学教育与大学的联系问题引起教育人士的注意。哈佛大学校长埃利奥特（Charles W. Eliot）所领导的"十人委员会"对美国的中等教育发展做出了重大的贡献，也对日后其他国家的教育改革产生影响。在 1890 年的一次会议上，埃利奥特便指出："即使在有最好的公立初级学校的马萨诸塞州，中等学校中所学的课程却只有十分之一与进入哈佛大学或其他高等机构有关。"❸ 这样的现象正说明了中等教育与大学教育之间的严重脱节。

"十人委员会"认为，为进入大学做准备的教育与为生活做准备的教育是没有区别的。为此，委员会提供了详细的计划以加强中学与大学教育之间的联系。根据计划，中学要保证学生在进入大学前都必须花 4 年的时间学习一些课程，在学习的过程中，能进行思维和知识的训练，最后必须满足大学入学的相关条件。

埃利奥特的中等教育思想不仅指出了中学与大学间教育鸿沟的问题，同时提出了建设性的建议以期克服中等教育存在的问题，而这样的设想与后来所发展的各类教育衔接项目有着相同的目标和愿景。同时，教育的过程和生活的过程都是连续的，除了正式的教育培养活动，教育以外的各项活动也都在发挥着重要的作用，这也就是指导如何进行大学入学准备及进入大学后如何适应的意

---

❶ 罗伯特·赫钦斯. 美国高等教育 [M]. 汪利兵，译. 杭州：浙江教育出版社，2001:1.

❷ 欧内斯特·L. 博耶. 关于美国教育改革的演讲 [M]. 涂艳国，译. 北京：教育科学出版社，2002:97.

❸ 彭爱波. 查尔斯·埃利奥特教育思想透析 [D]. 上海：华东师范大学，2004.

义所在。

4. 教育衔接理论

美国雪城大学高等教育学学者文森特·汀托（Vincent Tinto）于 1993 年在芝加哥大学出版社出版了《离开大学：反思学生流失的原因和对策》（*Leaving College: Rethinking the Causes and Cures of Student Attrition*）一书。他指出，在高中到大学的过渡阶段中，学生不仅在学业上可能会遭遇到困难，也可能会有心理焦虑、自卑等问题。❶ 如何面对此一阶段的适应问题，汀托将这一过渡区分为分离（Separation）、过渡（Transition）及身份认同（Identification）三个阶段。他认为，当学生在脱离高中身份进入大学前，需要经历相应的转型，学生会带着自己原有的特质进入大学，通过学校里与同学及老师的社会交往过程，重新建构他们的习惯。因此，学生需要在两个教育阶段之间实现一系列的调整与改变。

高中到大学的衔接阶段，是学生从青少年时期到成年初期个体发展的重要阶段，在此阶段中，如何使得学生更好地脱离前一阶段，适应新阶段后产生认同，是一个重要的过程，同时也对学生的发展有着重要的影响。

（二）创新人才及培养理论

创新人才培养是建设创新型国家的重大战略举措。国内外相关文献在理论上一般从创新人才的人格特质、能力结构等层面进行界定；实践上一般从政府、高等院校培养创新型人才的支持措施、培养模式和方法的角度进行研究。从心理学理论、人力资本理论和终生教育理论三个视角阐释创新人才培养问题，对于当前科学制定跨世纪创新人才培养方案有着重要的理论和实践价值。

国外文献对创新人才的研究一般是从心理学角度出发，对创新人才内涵的理解在强调人的个性全面发展的同时突出创新意识、创新能力的培养。20 世纪 70 年代，美国心理学家吉尔福特（J. Guilford）的《创造性才能》和《创造力与创新思维新论》两本著作的问世使创造性人才研究成为一个热门课题。他

---

❶ 鲍威，李珊. 高中学习经历对大学生学术融入的影响——聚焦高中与大学的教育衔接 [J]. 清华大学教育研究，2016, 37(6):59–71.

把富有创造性的人格特点总结为 8 个方面：有高度的自觉性和独立性，有旺盛的求知欲，有强烈的好奇心，知识面广、善于观察，工作讲求理性、准确性与严格性，有丰富想象力，富有幽默感，意志品质出众。❶麻省理工学院强调给学生打下牢固的科学、技术和人文知识基础，培养创造性地发现问题和解决问题的能力。美国许多大学都在追求培养创新人才，截至 2018 年 10 月，哈佛大学培养了 8 位美利坚合众国总统，而哈佛的校友、教授及研究人员中共产生了 158 位诺贝尔奖得主（世界第一）。英国大学教育培养目标是培养绅士型领袖和学者。19 世纪教育家纽曼认为，绅士型领袖和学者就是"学会思考、推理、比较、辨别和分析，情趣高雅，判断力强，视野开阔的人"。德国大学受洪堡的"完人"与雅斯贝尔斯的"全人"教育理念影响，注重完善学生的人格个性，培养学生的创造性、主动性，注重培养全面发展的学术人才与高级专门人才。❷

1919 年，陶行知先生在《第一流教育家》一文中提出："要培养具有创造精神的人。"国内代表性的观点有："所谓创新人才，就是具有创新意识、创新精神、创新思维、创新能力并能够取得创新成果的人才。""创新型人才是指具有创新精神和创造能力的人，它是相对于不思创造、缺乏创造能力的比较保守的人而言的。"

关于具备哪些知识最利于培养创新能力有两种最具代表意义的观点：一是"知识结构三层次论"，以宋彬提出的"胶团模型理论"和创造学家庄寿强提出的"知识层次模式理论"为代表。❸这两种知识结构理论都认为知识分为三类，第一类是专业知识或核心知识，能够在创造活动中直接解决创造难题，第二类是与专业知识相关的知识；第三类是与专业知识相距较远的知识。二是知识结构多层次论，这种观点以彭宗祥的"王"牌知识结构模式理论和殷石龙的创新主体基本知识结构理论为代表。❹因此，以知识传授为基础的创新人才培养应清

❶ J. P. Guilford. Traits of Creativity [M]. New York：Harper & Publisher, 1959:142–161.
❷ 陈建成，李勇. 发达国家研究型大学创新人才培养模式的特点分析 [J]. 科技与管理，2009(1)：14–18.
❸ 彭宗祥，徐卫. 大学生创新创造读本 [M]. 上海：华东理工大学出版社，2003.
❹ 殷石龙. 创新学引论 [M]. 长沙：湖南人民出版社，2002.

晰定位传授知识的内容和结构。

美国学术界关于学生发展理论主要包括个体与环境、社会心理、认知和价值观、整合型理论四个基本类型。这些理论分别从社会学、心理学、生态学等角度来解释学生成长和发展规律，理论研究的重点逐步从着眼于学生发展的某一特定方面转移到学生的总体发展上。

桑福德（Sanford，1962 年）"挑战与支持"理论是个体与环境互动理论的基础之一。他指出，挑战与支持是院校对学生发展起到重要作用的两个方面，要让学生得到最大程度的发展，需要有适当的挑战来保证学生全身心投入，同时也应该有一定的支持来帮助学生发展。但两者都不应该走向极端，否则会对学生的发展产生负面的影响。

阿斯汀（Astin，1977 年）"输入—环境—输出"模型是这一领域的另一基石，这一模型认为输入变量（如学生的入学前特征、家庭背景等）通过与学校提供的环境这一中间变量的交互影响对学生的能力发展（即输出变量）有着直接的作用，这一理论模型的提出强调了院校能够在学生发展中起到的作用。

布朗芬布伦（Bronfenbrenner，1979 年）的"人类发展生态学"模型的主要贡献是运用生态学的眼光来理解学生发展环境对学生发展和成长的影响。该理论指出学生的发展和成长过程发生在学生所处的一系列情境和关系中，这些情境和关系的相互作用形成了推动学生发展的力量。譬如，一个学生所处的与学业相关的圈子与他参加体育活动的圈子是相互作用的，并共同影响这个学生的发展。通过了解学生所处的或构建的各种各样的圈子，以及这些圈子是如何相互作用的，能够让我们懂得这些圈子是怎样促进或阻碍学生在认知、人格等方面的发展和成长的。

此外，库恩（Kun，2006 年）的"学生成功框架"理论也指出，学生在基础教育阶段的学业准备、家庭背景等要素直接影响大学生在学校的成功，而学生的院校经历如学生的学习时间投入、师生和同伴间的互动及学校提供的资源和各种政策能够对学生的发展进行干预，通过有目的的同伴互动和合作学习等方式强化学生的参与，进而提高学生成功概率。

把上述理论放到一起作为一个理论体系，它为我们提供了一个审视学生发展的环境视角（指出环境与学生发展成长的关系）和一系列分析学生发展过程的工具（将环境因素与学生背景因素分开来审视学生的发展过程）。

学界对创新人才的培养进行了很多研究。马玲在《拔尖创新人才思想政治素质养成的特点及其规律的探析》一文中指出，拔尖创新人才成长规律有以下三点：第一，良好的教育背景，严格的专业训练，高水平的师友团队；第二，兴趣、专业和职业大体一致，有施展才华的平台；第三，坚定的理想信念（或信仰）。❶

陈其荣在《诺贝尔自然科学奖与科学精英的造就》一文中介绍了创新人才的独特模式与机制。一是通识教育模式，即通过人文、社会、自然科学三大知识领域整合的通识课程教育，将学生培养成为"富有社会责任感的人"，并具备"有效思考的能力（包括逻辑推理关系理解、想象力等）、清晰沟通思想的能力、做出明确判断的能力和辨识普遍性价值的能力"；二是导师制，导师手把手地指导学生参与实际的科研工作，使得师生之间形成一定意义上的师徒关系，形成诺贝尔自然科学奖中的"人才链"。❷

曾庆玉和姚梅林在《建构适应性专长，培养拔尖创新人才》一文中提出了适应性专长（Adaptive Expertise）的概念，适应性专长由事实性知识（Factual Knowledge）、概念性知识（Conceptual Knowledge）和迁移能力（Transfer Ability）构成，适应性专长兼具知识和创新双重身份，与常规专长存在质的不同，突出表现在生成性重构、理论驱动和灵活调控等方面，它是拔尖创新人才应具有的核心特征。当前，应树立培养适应性专长的教育目标观，知识和创新并重。同时，加强多学科交融，推进"自主合作、探究"教学，为适应性专长的形成奠定深厚根基；改革评价方式，构建"为未来做准备"的评价体系，为适应性专长的形成提供正确导航。❸

白春礼主编的《杰出科技人才的成长历程——中国科学院科技人才成长规律研究》借助科学社会学研究方法，对中国科学院系统内的"两院"院士、"百

❶ 马玲. 拔尖创新人才思想政治素质养成的特点及其规律探析 [J]. 思想理论教育，2009(5).
❷ 陈其荣. 诺贝尔自然科学奖与科学精英的造就 [J]. 北京科技大学学报（社会科学版），2012(1).
❸ 曾庆玉，姚梅林. 建构适应性专长，培养拔尖创新人才 [J]. 中国特殊教育，2011(3).

人计划"入选者、国家"973 计划"和"863 计划"重大项目负责人等杰出人才的成长历程，进行了数据分析，发现一些创新人才成长的规律：①少年时代家庭稳定的经济条件和良好的学习传统能够支持和激励科技人才成长；②接受良好的高等教育有助于成才；③留学对科技人才成长具有重要作用；④传统优势学科更易汇集科技人才；⑤年老一代主要根据国家需要决定自己的职业，年轻一代则主要依据知识兴趣选择科研职业。此研究认为影响科技人才成长的主要问题是：①政策支持力度不够，影响青年科技人才的快速成长；②岗位结构不合理，既影响人才的成长，也影响科研产出；③激励手段和激励导向不合理，影响科技人才创造力的发挥；④过高的压力影响优秀科技人才的稳定，不完善的环境因素影响科技人才的创新能力；⑤单一的学术背景影响科技人才创新思维的产生。❶

林崇德、胡卫平在《创造性人才的成长规律和培养模式》一文中指出："拔尖创新人才的成长由自我探索期、集中训练期、才华展露与领域定向期、创造期、创造后期五个阶段组成，早期促进经验、研究指引和支持、关键发展阶段是影响这五个阶段的三种主要因素。"❷

从 1978 年开办中国科技大学少年班至今，中国现代创新人才教育逐渐形成了特征鲜明的培养模式和传统：把资优学生聚集到一起，设定卓越的成才目标，并投入以丰富而优厚的教育资源。这样的人才培养模式为我国培养了一些高水平的科研工作者，也有一些共有的规律和经验值得总结：如果学生自己缺少探索求知、发展自我、实现价值的追求，再多的资源、再高的目标也无法促使他们更充分地利用教育资源和学习机会，反而可能导致学生不珍惜资源和机会，对外界期待深感压力，这样不但无法充分发挥教育的增值效应，反而会使学生抵触。最好的教育不是老师把优秀的学生往上"拽"，而应该是帮助学生成全自己的"志趣"，让学生在比较的基础上对自己的兴趣天赋、学科专业、学术人生及社会需求形成成熟的认识，能不断探索、调整近期道路和远期目标，进而习

---

❶　白春礼 . 杰出科技人才的成长历程——中国科学院科技人才成长规律研究 [M]. 北京：科学出版社，2007.

❷　林崇德，胡卫平 . 创造性人才的成长规律和培养模式 [J]. 北京师范大学学报（社会科学版），2012(1).

得长期、稳定、强劲的前进动力与方向，为优秀人才的脱颖而出创造氛围、提供沃土。❶

根据已有研究所总结出来的创新人才培养规律可以发现，创新人才培养包括众多关键因素，不同的创新人才在成长和培养过程中可能存在一定的差异，但也存在一定的共性，三个较为重要的共性要素分别是：兴趣、引导和动力。

首先，在兴趣方面，正如爱因斯坦所言："兴趣是最好的老师"，它可激发人的创造热情、好奇心和求知欲。兴趣由自我情感驱动，不限方向与内容，其个人化、对象多元、价值悬置及对新奇感的肯定等都契合现代性原则。广泛的兴趣、勃发的好奇心是优秀心智的必备特征。❷然而，在人才培养的实际过程中，除了放弃或容忍缺乏专业兴趣的学生，教师极少视培养兴趣为己任，兴趣的不稳定性又常常使得最初的选拔失效。兴趣多由情感因素决定，当现实中碰壁产生痛苦时，就难免变化转移。此外，兴趣不是理智的产物，在如何找到和培养兴趣上，教育家杜威有着独特的见解，他专门研究了教学中的兴趣，论证了教育者只能提供一种让兴趣"不期而至"的环境，将兴趣作为一种特立的目的或方法都是徒劳的，他还强调兴趣和努力在学习发展中相辅相成，不可片面主张其一。❸我国的资优学生长于理性思考，这种智性能力反而使他们对兴趣的要求感到无措。因此，在创新人才的培养过程中，寻找并选拔出那些具有真正兴趣的学生并加以培养尤为关键。

其次，在引导方面，主要是指特定领域专家学者的引导，即专业导师的引导。有学者对 1901—2012 年诺贝尔科学奖获得者中的师承效应进行量化研究，发现名师在创新人才成长中的重要性：一位杰出的科研导师可显著缩短其学生接受新知识、做出重大创新成果、获得学术认可时所需的时间。❹梅贻琦在《大学一解》中指出："古者学子从师授业，谓之从游……学校犹水也，师生犹鱼也，其行动犹游泳也，大鱼前导，小鱼尾随，是从游也，从游既久，其濡染观

❶ 陆一，史静寰.志趣：大学拔尖创新人才培养的基础 [J].教育研究，2014(3).
❷ 陆一，史静寰.志趣：大学拔尖创新人才培养的基础 [J].教育研究，2014(3).
❸ Dewey, John. Democracy and Education [M]. Whitefish：Kessinger Publishing, LLC, 2010:83–92.
❹ 门伟莉，张志强.诺贝尔科学奖跨学科师承效应定量研究 [J].科学学研究，2015(4):498–506.

摩之效，自不求而知，不为而成。反观今日师生关系，只一奏技者与看客之关系耳，去从游之义不綦远哉。"[1] 师徒从游、人格化耳濡目染的培养方式非常难能可贵，即使在梅贻琦所处的精英高等教育时期也是作为理想被提出的。现今高等教育大众化后猛增的师生比难免降低了"从游"发生的概率及效果。为了保证质量，除了制度化地使优秀教师和学生能有更频繁的相遇机会外，别无他法。那么，不论通过考试选拔还是师生双向选择，如何做到有效识别、匹配，如何降低选择成本将成为关键。

最后，在动力方面，它是指支撑创新人才在某个知识领域持之以恒的力量。这种动力是自主的，超越个人的。就自主性的动力而言，上文所述的兴趣本身便是一种动力，作为动力来源的兴趣是由个人决定的，是个人的价值选择。然而，仅仅只有兴趣往往不能保证持续稳健的动力直至目标达成，尤其对于青少年时期的创新人才而言，他们的兴趣往往容易受到外界的干扰而遇挫，最终不能坚持下来。此时，需要辅之以适当的外部动力，即他人（如导师）的指导、鼓励和引领，"人各有所长，就其所长而成就之"，对待创新人才的个体差异，不能持完美态度，不能用一种尽善尽美的尺度去衡量所有的学生，而应该了解学生的个体差异，把握学生的个性特点，选择适当的引导和鼓励方式，以便让学生在感兴趣的领域获得长久坚持的动力。而就超越个人的动力来说，这种动力纳入了对"总体"的关照，并非直接满足自我，而是为了实现超越个体的意义感，获得真正的成就。比如，我国老一辈科学家以富国强民的爱国情怀和社会责任心作为其动力来源，他们将自己的专业兴趣和国家的需求相结合，并长久坚持下去，从而在相应领域做出突出成就。[2] 因此，创新人才培养过程中要将兴趣与动力相结合，让兴趣变为更为持久的志趣，将个体的超越自我和实现自我相统一。[3]

---

[1] 梅贻琦 . 大学一解 [J]. 清华学报，1941(1).

[2] 白春礼 . 杰出科技人才的成长历程——中国科学院科技人才成长规律研究 [M]. 北京：科学出版社，2007.

[3] 陆一，史静寰 . 志趣：大学拔尖创新人才培养的基础 [J]. 教育研究，2014(3).

三、研究过程

（一）大学先修课项目

为评价我国大学先修课是否实现了衔接高中与大学教育的目标，作者及课题组通过定量和质性研究对北京大学先修课项目进行了深入研究。首先，课题组先后进行了六次问卷调查，其中三次针对修读大学先修课的高中生，两次面向已经被大学录取但是还未入校就读的新生，另一次面向教授大学先修课的中学教师。

2016年4月，课题组利用北京大学组织大学先修课考试的机会，面向北京、山东、安徽和江苏四省的全部考生发放纸质调查问卷。回收有效问卷1620份，回收率达到100%。2016年7月，课题组面向被北京大学录取的2016级新生发放了网络版调查问卷，其中有199名学生学习过大学先修课，覆盖了北京、天津、河北、河南、辽宁、吉林、黑龙江、上海、江苏、江西、浙江、山东、安徽、湖南、湖北、广东、四川、重庆、陕西、福建、贵州、甘肃、宁夏、广西、西藏、新疆，共26个省（自治区、直辖市）。2016年10月，课题组再次面向参与北京大学先修课考试的全部考生发放纸质调查问卷，共回收有效问卷1941份，回收率达到99%，覆盖了北京、河北、河南、辽宁、吉林、黑龙江、上海、江苏、江西、浙江、山东、山西、安徽、湖南、湖北、广东、重庆、四川、云南、福建、贵州、陕西、广西，共23个省（自治区、直辖市）。除了问卷调查，课题组还对参加大学先修课的高中生、大学生、担任大学先修课的中学教师、培训中学教师的大学教师、大学先修课负责人开展了深入访谈。

2016年5月，课题组面向参与北京大学大学先修课培训的中学教师发放了纸质调查问卷，共回收有效问卷53份，覆盖北京、山东、安徽、江苏、辽宁、黑龙江、河北、上海、福建、陕西、广东、湖南、广西等省（区）。教师的学科分布为：语文占23.1%，英语占46.2%，历史占30.8%。年级分布为：高一教师占 43.4%，高二教师占 50.9%，高三教师占 5.7%。

针对高中生的问卷共有三个版本，在整体架构上并无差异，只在问题设计中略有增减。问卷内容主要包含四个模块：基本信息、大学先修课课程、大学先修课考试及总体评价。第一部分主要为掌握学生的个人基本情况，以作为数据分析中的控制变量；第二、三部分则是让学生分别对先修课课程与考试进行评价；最后一个部分是对于先修课程总体评价、态度，并提出建议。三版问卷的差异之处在于：2016 年 4 月第一版问卷中，并未限定某次课程或考试，而是让学生罗列过去所参与过的全部课程及考试。2016 年 7 月第二版问卷是针对参加 4 月考试的学生的再调查，将问卷修改为针对当次所参与考试的科目。另外，考虑到填答时间和质量，将问卷长度有所缩短，主要体现在课程评价上，原有的问题不再询问，而改以调查学生在课程中课堂讨论的情况及评价。2016 年 10 月第三版问卷是前两次问卷的综合版，仅在第一模块中添加了父亲、母亲受教育水平，此为重要的控制变量。

针对北京大学 2016—2017 级新生所做的问卷调查，主要包括五个模块：基本信息、高考及志愿填报、高中参与、学习规划及学生发展、家庭教育，而课题组仅截取其中与大学先修课有关的部分问题。

针对教师的问卷主要也包含四个模块的内容：基本信息、大学先修课课程、大学先修课考试及总体评价。第一部分主要为掌握教师的个人基本情况，以作为数据分析中的控制变量；第二、三部分则是让教师分别对先修课课程与考试进行评价及了解相关信息；最后一个部分是对于先修课程总体评价、态度，并提出建议。

三次学生调查的样本描述统计情况如表 1 所示。2016 年 4 月和 10 月的调查在性别、家庭所在地区、文理分科、成绩排名、是否参加过学科竞赛、父亲工作单位类型、母亲工作单位类型特征上非常类似。两次调查的不同之处在于：第一次调查中高三学生比例不到 1%，故被忽略不计，但是在第二次调查中，参加考试的高三学生大幅增加，占比达到 44.6%。可能的原因是，4 月份参加先修课考试且未获满意成绩的高二学生，进入高三后选择再次参加考试。两次调查在文理分科上也存在一定的差异：4 月份的调查中，不分文理科及暂未确定的学生占 3.3%，而在 10 月的调查中这一比例则增加到 15.2%，可能的原因是各省高考改革开始逐步推行文理不分科，尤其是浙江省率先于 2014 年启动高考综合改革试点，因此文理不分科的学生中来自浙江的比例高达 93.2%。此外，重点高中的学生比例由 4 月的 88.0% 上升至 10 月的 96.7%，高中学校为大学先修课考点的比例由 32.0% 降至 14.2%。参加调查学生的基本特征参见附表 3。

表 1　问卷发放的基本情况

时间	对象	省（区、直辖市）	回收数量
2016 年 4 月	高中学生	北京市、山东省、安徽省、江苏省	1620 份
2016 年 7 月	参加 4 月份考试的学生	北京市、河北省、辽宁省、吉林省、黑龙江省、上海市、江苏省、江西省、浙江省、山东省、安徽省、湖南省、广东省、四川省、重庆市、陕西省、福建省、广西壮族自治区、新疆维吾尔自治区	1111 份
2016 年 5 月	高级研修班的中学任课教师	北京市、山东省、安徽省、江苏省、辽宁省、黑龙江省、河北省、上海市、福建省、陕西省、广东省、湖南省、广西壮族自治区	53 份
2016 年 10 月	高中学生	北京市、河北省、河南省、辽宁省、吉林省、黑龙江省、上海市、江苏省、江西省、浙江省、山东省、山西省、安徽省、湖南省、湖北省、广东省、重庆市、四川省、云南省、福建省、贵州省、陕西省、广西壮族自治区	1941 份
2016 年 9 月	北京大学 2016 级本科新生	北京市、天津市、河北省、河南省、辽宁省、吉林省、黑龙江省、上海市、江苏省、江西省、浙江省、山东省、安徽省、湖南省、湖北省、广东省、四川省、重庆市、陕西省、福建省、贵州省、甘肃省、宁夏回族自治区、广西壮族自治区、西藏自治区、新疆维吾尔自治区	199 份
2017 年 9 月	北京大学 2017 级本科新生	北京市、天津市、河北省、河南省、辽宁省、吉林省、黑龙江省、上海市、江苏省、江西省、浙江省、山东省、安徽省、湖南省、湖北省、广东省、四川省、重庆市、陕西省、福建省、贵州省、甘肃省、宁夏回族自治区、广西壮族自治区、西藏自治区、新疆维吾尔自治区	309 份

除问卷调查外，课题组分别于 2015 年 7 月、2015 年 10 月、2016 年 4 月、2016 年 7 月和 2016 年 10 月对参加大学先修课的高中生、大学生、担任大学先修课的中学教师、培训中学教师的大学教师、大学先修课负责人开展了深入访谈，共访谈学生 36 人次，其中高中生 28 人次，大学生 8 人次。中学教师 6 人次，大学教师 3 人，项目负责人 2 人次。

访谈内容主要包括五个部分：学生基本情况、修读先修课的情况、先修课的授课方式、先修课考试及对先修课的总体评价。课题组采用半结构化访谈，除有结构的统一提纲，也设置一些开放式问题鼓励受访者自由表达自己的看法。在对学生的访谈中，主要从三个方面考察大学先修课对高中和大学教育衔接的促进作用：①修读大学先修课对学生了解大学课程的促进作用；②修读大学先修课对坚定学生进入大学后学习相关学科的促进作用；③大学先修课对获得大学自主招生机会的促进作用。

（二）"英才计划" 项目

为了了解项目学生对"英才计划"培养效果的评价，课题组在 2017 年对全部学生进行了问卷调查，共得到 533 份有效问卷；2018 年年初又针对"英才计划"优秀学员候选人开展了问卷调查，共回收 122 份有效问卷。将两类群体进行比较可以大致看出学生总体和优质学生之间的异同。被调查学生的整体特征可参见附录五。

本次调查的所有问题都为选择题或填空题，包括个人基本信息、"英才计划"参与情况和效果评价三个部分。因此，只要收回后的问卷填答完整，数据符合常识，无逻辑错误，均认为是有效问卷。问卷具体维度如图 1 所示。

（三）高中毕业到大学适应

为了了解高中毕业到新生适应的基本情况，作者首先调研了某 985 高校在 2011 年暑假面向已被北京大学录取的 2011 级新生开展的问卷调查，该调查主要询问了学生的个人和家庭基本情况、高考录取方式、高考结束后的暑假生活及对大学生活的预期。调查采取网络问卷的形式，为提高回收率，问卷调查的通知与录取通知书一并发放。此次调查共回收问卷 1871 份，其中有效问卷 1678 份。在有效样本中，男生约占 54.4%，女生约占 45.6%；汉族学生比例为 91.8%，少数民族比例为 8.2%；独生子女比例为 85.4%，非独生子女约占 14.6%；中共党员（含预备党员）的比例为 18.6%。样本基本特征如表 2 所示。

项目参与情况

● **参与前期**

① 学生对项目的了解途径
② 选择的科目
③ 对大学导师的了解程度
④ 参与项目的原因。

● **参与过程**

① 中学老师方面：对学生的帮助程度
② 大学导师方面：
● 导师指导方面：导师指导的学生个数、指导方式、指导主体
● 导师联系方面：培养过程中主动联系的主体
● 导师交流方面：交流方式、双方见面交流次数

项目效果评价

① "英才计划"是否实现参与项目前的预期
② "英才计划"整体评价
③ "英才计划"前后能力变化
④ 是否推荐身边人参加"英才计划"

图 1 "英才计划"问卷维度

表 2 样本特征分布

变量类别	变量名称		百分比
个人特征	性别	女生	54.4%
		男生	45.6%

续表

变量类别	变量名称		百分比
个人特征	民族	汉族	91.8%
		少数民族	8.2%
	独生 / 非独生子女	独生子女	85.4%
		非独生子女	14.6%
家庭背景	家庭所在地域	直辖市或省会城市	40.5%
		地级市	28.1%
		县城或县级市	20.3%
		乡镇或农村	11.1%
	父亲文化程度	初中或以下	12.3%
		高中或中专	18.4%
		大学或以上	69.3%
	父亲职业	中高层管理者	59.1%
		服务人员	16.0%
		个体户	7.8%
		工人	11.6%
		无业或失业	6.5%
能力特征	政治面貌	党员	18.6%
		非党员	81.4%
	毕业学校	重点或示范高中	92.7%
		非重点或非示范高中	6.3%
高考特征志愿	应 / 往届	应届生	93.9%
		往届生	6.08%
	录取方式	高考统考	50.8%
		自主招生	24.7%
		保送	21.2%
	文 / 理科	特长生	3.3%
		文科	32.4%
		理科	67.6%

续表

变量类别	变量名称		百分比
高考特征志愿	录取志愿	第一志愿录取	69.2%
		第二或其他志愿录取	25.2%
		调剂志愿录取	5.6%

　　从高中毕业到大学新生适应的过程中，一些学校开展的针对适应的项目在发挥着越来越重要的作用。因此，作者还以美国的哈佛大学、耶鲁大学、斯坦福大学和加州大学洛杉矶分校作为研究对象，通过查阅新生教育网站和相关文献资料，系统评述本科新生适应教育的最新活动。之所以选择这四所研究型大学作为研究对象，主要考虑到各校在新生适应教育方面各具特色，对我国大学具有重要的借鉴意义。本书按照开展新生适应教育的时间顺序将其分为两类：一类是入学前的适应教育；另一类是入学后的适应教育。除此之外，本书还将介绍高校面向新生及其家长的信息平台。

上篇
大学先修课

第一章

美国大学先修课的发展与实施效果

一、美国大学先修课的发展概况

（一）美国大学先修课的发展历程

美国自 20 世纪 30 年代开始探讨大学与中学教育的衔接，之后通过课程与教学上的改革创新来帮助学生实现知识上的衔接，并尽早适应大学的学习。在此背景下，荣誉课程（Honors）、进阶先修课程（Advanced Placement Program，AP）、国际大学预科证书课程（International Baccalaureate，IB）、双学分课程（Dual Enrollment Transition Pro-gram）等应运而生。在这些项目中，大学先修课成为最主要的高中—大学衔接课程，此项目的质量也被广泛认可，经常被大众媒体称为美国高中的"黄金准则"。❶

1. 酝酿和起步阶段（1951—1954 年）

美国大学先修课诞生于 20 世纪初。鉴于当时美国高中教育与大学教育之间的差距不断增大，第二次世界大战之后，人们开始意识到这一问题的严重性。❷

---

❶ Parker, Walter C., Jane Lo, Angeline Jude Yeo, Sheila W. Valencia, Diem Nguyen, Robert D. Abbott, Susan B. Nolen, John D. Bransford, and Nancy J. Vye. Beyond Breadth–Speed–Test: Toward Deeper Knowing and Engagement in an Advanced Placement Course [J]. American Educational Research Journal, 2013(6): 1424–1459.

❷ 张婷婷 . 美国高中大学先修课程的发展及启示 [J]. 教育科学研究，2015(11):60–68.

另外，为保持世界霸主地位，美国教育领导者认识到冷战时代的政治和科技发展需要大力发展精英教育，改变实用主义思想下过于重视经验而忽视学术严谨性的学校课程。❶ 在此背景下，为满足社会对高素质人才的需求，建议高中与大学需要通力合作以避免课程的重复设置，使学有余力的高中生得以充分发展并不断进步。❷

因此，1951 年，福特基金专门成立了"教育进步基金"，研究如何在高中阶段开设大学水平的课程，以及制订大学招生标准。其中一项研究由美国三所著名的私立高中菲利普斯安多福中学（Adover）、菲利普斯埃克赛特高中（Exeter）、伦斯维尔中学（Lawrenceville）和三所精英大学哈佛大学、普林斯顿大学、耶鲁大学的教育专家共同实施，他们呼吁高中和大学应该将彼此视为"一个共同体的两个组成分"，并建议高中要招聘那些富有创造力的教师，要激励高年级学生进行独立研究以及学习大学水平课程，在课程结束后，设置有助于学生在大学减免学分的考评机制。另一项研究由先修录取委员会（Committee on Admission with Advanced Standing）开展，制订了可在高中阶段开设的大学水平课程的内容与标准的计划。招生委员会从顶尖的大学中招聘每个学科的领军带头人，依据大学认可的能够作为授予学分的规定为标准，制定严格的高中课程标准和考试。1952 年，美国 7 所高中的 11 门主要科目引入大学先修课程的试点项目。❸

2. 迅速扩张阶段（1955—1980 年）

随着试点学校、学生数及大学先修课程数量的增加，大学先修课项目迫切需要专业化管理平台。1955 年，美国大学委员会（College Board）接管大学先修课项目，自此，该项目也被正式命名为美国大学委员会"大学先修课项目"。

美国大学理事会是美国最大的非政府性教育组织，其宗旨是改进中学教育，帮助学生更好地准备进入高等教育阶段的学习并获得成功。该组织成立于 1900

---

❶ 刘清华. 美国大学先修课程 60 年——卓越与公平的互动 [J]. 高等教育研究，2014(11):102–109.

❷ 张婷婷. 美国高中大学先修课程的发展及启示 [J]. 教育科学研究，2015(11):60–68.

❸ 张笑岩. 美国 AP 课程述评 [J]. 基础教育参考，2010(17):27–31.

年，由 5200 多所高中、学院、大学及其他教育机构组成。美国大学理事会每年通过大学录取、指导、评估、财政资助、入学及教学等方面的项目，为 700 万学生和家长、23000 所高中、3500 所大学提供服务。其中最为著名的项目是学术水平考试（Scholastic Aptitude Test，SAT）和大学先修课。❶

当年参加实验的高中扩大到 38 所，考试涉及 11 个学科领域。1956 年，参加实验的中学超过 104 所，1957 年参加实验的中学达 200 所，2000 名学生参加了 3700 科次的考试。1958 年，参加实验的中学有 350 所，3700 名学生参加了 6900 科次的考试。❷ 在美国大学委员会的管理之下，大学先修课程逐步得到推广。

3. 公平导向的发展阶段（1980—1990 年）

1980—1990 年，在民主主义思想的转型背景下，联邦政府开始关注少数民族的教育机会均等问题，并在制度、经费等方面发挥着基础性作用。❸ 而大学委员会和很多学校注重帮助少数民族学生和低收入学生进入大学先修课程。大学理事会引入大学先修课准备行动（Pre-AP Initiatives）和大学先修课纵向小组（AP Vertical Teams）推广大学先修课课程，帮助学生从初中开始获得重要知识和技能，为在高中阶段选修大学先修课程做准备。❹ 随着大学先修课项目的发展，其项目使命也从只为少数成绩优异的学生提供尽其所能的学习机会发展到让更多的学生参与高级课程的学习，推进全民优质教育的目标上来。❺

4. 国际化扩张阶段（1990 年至今）

大学先修课项目的国际化最早始于 20 世纪 80 年代，经大学理事会与德国海德堡大学商谈，大学先修课考试成绩最早被德国的大学所接受。随后，大学先修课成绩逐渐得到瑞士、法国、奥地利等国大学的认可；2002 年，北京大学、清华大学、北京外国语大学、北京语言大学四所大学也认可大学先修课成绩；之后共有 24 个国家的大学认可大学先修课考试成绩。此外，1995 年，大学

---

❶ 世界汉语教学学会.美国大学理事会 [J] 世界汉语教学学会通讯，2011(4):2.

❷ 刘清华.美国大学先修课程 60 年——卓越与公平的互动 [J].高等教育研究，2014(11):102–109.

❸ 刘清华.美国大学先修课程 60 年——卓越与公平的互动 [J].高等教育研究，2014(11):102–109.

❹ 张笑岩.美国 AP 课程述评 [J].基础教育参考，2010(17):27–31.

❺ 吴敏.美国进阶先修课程项目研究 [D].上海：华东师范大学，2008:7.

理事会推出了大学先修课国际文凭（Advanced Placement International Diploma，APID），为计划高中毕业后出国读书的美国中学生提供了走向各国大学的通行证。[1]1995—2015 年美国开展大学先修课的高中和大学数量如图 1-1 所示，具体数值可参见附表 2。

图 1-1 1995—2016 年美国开展大学先修课的高中和大学数量

目前，大学先修课项目已经在 100 多个国家得到开展，超过 40 个国家的 500 所大学在进行招生时认可大学先修课考试等级。[2]66% 的美国高中参与了大学先修课项目，所引入的高级课程也逐渐从最初的 11 个科目发展到涵盖 22 个学科的 37 门课程。[3]至 2016 年，全世界有 3500 多万名学生超过 6000 万人次参加大学先修课考试。[4]在美国，90% 以上的高校承认学生大学先修课课程的成绩和学分，其中包括哈佛、普林斯顿、杜克、乔治城等知名大学；50% 左右的大学允许大学先修课程考试达到相应级别标准的学生直接修读大学二年级课程。美国学生凭借大学先修课考试成绩，可以进入世界上很多大学继续学习。其他国家的学生也能参加大学先修课考试，并根据考试等级进入美国的名校深造。

[1] 张婷婷. 美国高中大学先修课程的发展及启示 [J]. 教育科学研究，2015(11):60-68.

[2] 吴敏. 美国进阶先修课程项目研究 [D]. 上海：华东师范大学，2008.

[3] 吴敏. 美国进阶先修课程项目研究 [D]. 上海：华东师范大学，2008.

[4] AP Program Participation and Performance Data 2016_Annual AP Program Participation (1956—2016)[EB/OL]. (2016-10-10)[2018-12-1]. https://secure-media.collegeboard.org/digitalServices/pdf/research/2016/2016-Annual-Participation.pdf.

大学先修课程的质量标准和高质量的教学逐渐受到世界范围内越来越多大学的认可。❶柯南特在其著作《贫民窟和郊区》中写道：在麻省理工学院、密歇根大学、斯坦福大学、西北大学和常青藤大学联盟的大学，学习过大学先修课程的学生数量最多，哈佛大学约一半学生修习过且几乎 10% 的学生已具备大学第二年免修相应课程的资格。❷

从开设大学先修课项目的学校分布来看，总体比较平均，其中加利福尼亚州、德克萨斯州、纽约州的学校数量最多具体数值可参见附表 1。

可以说，美国大学先修课项目 60 年持续发展的动因，既有国际科技竞争的社会环境因素，也有大学理事会的专业化课程管理支撑，还有精英大学招生标准对高中教育的引导，更有教育民主化理念政府的推动。❸正因为这些因素，使得美国大学先修课项目得以有今日的发展，同时也对提升美国教育国际竞争力产生了深远影响。

（二）美国大学先修课的课程组织与考试

随着大学先修课项目的不断发展，课程的编制与考试评定、组织与实施也逐步趋于成熟和完善。大学理事会在每一学年的春季按学科发布大学先修课的课程内容大纲说明，描述课程目标，并提供考试问题的样本。开设该门课程的大学先修课程教师在开课前都会得到这样的课程说明。大学先修课程由课程编制委员会本着大学理事会提供的大学先修课程标准进行设计，之后在每年 3 月开始递交相应课程的准备资料给大学理事会，包括课程框架、课程目标、内容以及教学设计等。大学理事会专家对课程进行评估，达到大学水平内容要求的课程于每年 11 月公布，通过评估的课程方能成为大学先修课程。课程编制委员会一般由 6 ～ 8 名委员组成，主要是美国著名大学的教授或有丰富经验的高中大学先修课程任课教师。❹

大学先修课考试由美国教育考试中心组织出题和考试，每年 5 月举行，每

---

❶ 张笑岩. 美国 AP 课程述评 [J]. 基础教育参考，2010(17):27–31.
❷ 刘清华. 美国大学先修课程 60 年——卓越与公平的互动. 高等教育研究，2014(11):102–109.
❸ 刘清华. 美国大学先修课程 60 年——卓越与公平的互动. 高等教育研究，2014(11):102–109.
❹ 张笑岩. 美国 AP 课程述评 [J]. 基础教育参考，2010(9):28.

年总体难度基本稳定，参加大学先修课程学习的高中生都可以参加。❶ 考题主要由多项选择题和论述题构成。由大学教授与 AP 课程同程度科目的大学专家负责多项选择题出题，多项选择题难度适中，能在不同程度区分学生的知识、技能和能力水平；大学先修课发展委员会的成员编制论述题，多以小论文或解决问题的形式出现，考察学生的表述能力。

大学先修课程考试评定的阅卷工作于每年 6 月统一进行。阅卷领导必须有丰富的大学先修课考试阅卷经验。阅卷者必须是当前教授该门大学先修课程的教师或在大学教授同等程度课程的教授。❷ 阅卷时为了保证公平，每组阅卷者都要根据学校、性别、种族、宗教、教龄等的不同混合而成，以保证每个阅卷组的阅卷者组成大致一样。大学先修课考试根据总分确定考试等级，采取 5 分制，5 分代表非常合格，4 分代表比较优秀，3 分代表合格，2 分代表可能合格，1 分代表不予推荐。对大多数大学先修课科目而言，大学先修课考试成绩 5 分对应大学学科成绩的 A$^+$或 A，大学先修课考试成绩 4 分对应大学的成绩的 A$^-$、B$^+$或 B，大学先修课考试成绩 3 分对应大学成绩的 B$^-$、C$^+$或 C。❸ 一般获得 3 分及以上就可在进入大学前获得大学认可的学分或获准直接进入高级课程学习。少数顶尖大学要求大学先修课考试达到 4 分或 5 分才能折抵大学学分。例如，哈佛大学 2003 年作出新规定，5 分的大学先修课成绩可折抵哈佛大学学分。❹ 美国哈佛大学 2006 年承认 16 门先修课程，16 门先修课程成绩可以获得大学相关课程一学年的学分，而 12 门先修课程只能获得一个学期的学分。❺

随着大学先修课程组织与实施的完善，近年来美国每年为大学先修课程教师提供广泛的专业发展机会，举办多种形式的研讨会，并召开大学先修课国际大会。课程设置方面，参与大学先修课程的学校注重结合学校特色设置大学先修课程，大学在大学先修课程对应的进阶课程设置上更加合理。

❶ 张笑岩.美国 AP 课程述评 [J].基础教育参考，2010(9):28.
❷ 张笑岩.美国 AP 课程述评 [J].基础教育参考，2010(9):28.
❸ 参见 2013—2014 AP program guide
❹ 张笑岩.美国 AP 课程述评 [J].基础教育参考，2010(9):28.
❺ 邬红波，吕慈仙.美国先修课程的现状，特点及启示 [J].中国高教研究，2013(3):69.

（三）美国政府实施的大学先修课激励计划

为了使大学先修课程能够在更多的州和学校得以有效开展，为更多的高中学生提供选修机会和进一步发展的空间，美国政府提供了大学先修课促进项目专项资助（AP Incentive Program Grants），用以推动各州进一步完善大学先修课程，尤其是帮助更多来自贫困家庭和少数族裔的学生学习大学先修课程。❶ 在1992 年，美国高等教育修正案中就明确规定了教育部应该为家庭经济苦难的学生支付大学先修课考试的费用。❷ 据报道，2005 年美国政府教育经费支出减少到 37 亿美元，但是其中用于大学先修课项目的经费却增加到 1.2 亿美元，比2004 年增加了 900 万美元。❸ 布什就任总统时也明确要求，从 2006 年起，5 年内将为 7 万名大学先修课数学与科学课程教师提供培训，而其他科目教师的培训和补充工作也成为美国联邦政府和教育部的重要工作。❹2010年，美国政府专门拿出 1 亿美元用以开展大学通道和加速学习计划，旨在为高需求高中提供包括大学先修课程在内的大学水平课程和加速教育。❺

大学先修课潜力行动（AP Potential）是一项基于网络的研究工具，它通过分析学生的 PSAT（Preliminary SAT）与 NMSQT（National Merit Scholaship Qualifying Test）的成绩数据来鉴别将来可能取得大学先修课考试成功的学生，确保有学习潜力的学生不被忽略，进而增加大学先修课的参与度。通过分析，使得各中学对本校的学生水平与学科优势有更深入的了解，大学委员会可以通过大学先修课潜力行动的数据，给予学校与学区提供具有潜力的学生姓名与建议开设的大学先修课程的名簿。这在一方面给校长与管理者们提供了有用的信

❶ 谭娟 . 美国 AP 课程发展的新动态：成效与问题并存 [J]. 世界教育信息，2010(12):55.

❷ Brimstein, P., Milgate, D., OíDonaghue, L., et al. Advanced Placement Courses: Do Prohibitive Costs Exclude Financially Disadvantaged Students?[J]. Journal of Cases in Educational Leadership, 2000, 3(2): 15–22.

❸ Vail, Kathleen. Increased AP Test Taking Raises Questions [J]. American School Board Journal, 2006(193): 6.

❹ 徐培培 . 美国大学先修课程改革研究 [D]. 济南: 山东师范大学，2014.

❺ 谭娟 . 美国 AP 课程发展的新动态：成效与问题并存 [J]. 世界教育信息，2010(12):55.

息来关注潜力学生并且增加大学先修课考试报名数；另一方面也给中学学生开设何种大学先修课程提供了合适的建议。❶

大学委员会在 1998 年与 2006 年所出版的研究报告都揭示出学生的 PSAT、NMSQT 成绩与大学先修课考试结果有很强的关联性。研究表明，PSAT 与 NMSQT 分数可以较准确地预测大学先修课考试等级，它与高中等级、该门课程之前的等级及所参加的相同学科的课程数等参数一起，可以较准确地预测学生是否能够在大学先修课考试中取得成功。❷

AP 准备行动（Pre-AP）是旨在帮助每个学生进入大学的大学先修课准备行动，不是对课程与考试的诊断，而是大学委员会为大学先修课程的准备所提供的一系列的专业支持。为了增加学生在高中成功选择大学先修课程并且通过大学先修课考试，大学委员会推出大学先修课准备行动，帮助学生从中学低年级起开始获得重要的知识和技能，并通过从一个年级到下一个年级的课程与教学的协调，使学生做好在高中选修高级课程的准备，以此增加选修大学先修课的机会。❸大学先修课准备行动给所有中学教师提供了他们所需的教学策略与方法，以此激励学生们保持活跃并且努力获得高水平的学习思考能力，尽可能地习得高水平的知识技能与思维方式及观念，从而确保他们将来能成功修读大学先修课程并且成功进入大学。

大学先修课准备行动主要通过开展团队研讨会（Workshops）的方式进行学科教学的培训与课程的指导，针对大学先修课准备行动的研讨会有三种：大学先修课纵向小组（Vertical Team）、课堂策略（Classroom Strategies）、教学领导（Instructional Leadership）。大学先修课纵向小组（Vertical Team）是为期一天的研讨会，给初中与高中的教师团队提供了交流的平台，讨论纵向小组的理念与其重要特质，进行初高中两个阶段的教学衔接。课堂策略（Classroom Strategies）同样是为期一天的研讨会，初中与高中的教师可以通过这为期一天的研讨会来改进对教学内容、教学方法与策略的理解，帮助他们的学生做好将来参加大学

---

❶ 吴敏. 美国进阶先修课程项目研究 [D]. 上海：华东师范大学，2008:22.
❷ 吴敏. 美国进阶先修课程项目研究 [D]. 上海：华东师范大学，2008:22.
❸ 吴敏. 美国进阶先修课程项目研究 [D]. 上海：华东师范大学，2008:23.

先修课程及今后获得大学成功的准备。教学领导（Instructional Leadership）为中学教学领导提供为期一天的研讨会（包括大学委员会成员、管理者、校长、中学办公室职员和咨询顾问），让他们明白如何将大学先修课准备行动的专业发展融入学校发展计划之中，组织与发展大学先修课纵向小组的支持体系，评估大学先修课纵向小组在学校发展中的影响。❶

各州积极出台鼓励大学先修课程的政策，包括提供经费支持更多的学校开设大学先修课程，支持已开大学先修课程的学校完善课程发展，提供经费减免贫困学生的大学先修课考试费用，为大学先修课考试优异者颁发证书或提供资金等。❷印第安纳州在 20 世纪 90 年代就建立了大学先修课项目参与资助制度，南卡罗罗来纳州、西弗吉尼亚州、犹他州及亚拉巴马州也从 20 世纪 80 年代起就设立了相应的资助制度。❸大多数州政府采取为低收入家庭的学生减免考试费用的办法。大学理事会已经为那些经济困难的学生提供每门先修课程 22 美元的资助，而超过 40 多个州的州政府也从财政支出里拨出一部分资助这些学生的先修考试费用。除此之外，佛罗里达州还奖励那些愿意帮助处于不利地位的学生、在先修考试中取得成功的教师、行政人员；北卡罗来纳州为偏远地区的学生提供远程教育；华盛顿州采取政策帮助农村地区的学生学习先修课程等。❹

佛罗里达州（Florida）不仅出资通过学生的平时成绩来鉴别哪些学生适合参加大学先修课项目，并且规定凡是参加大学先修课考试的学生，州政府都会为其缴纳全部考试费。阿肯色州（Arkansas）立法规定该州的中学必须开设多少门大学先修课程，该州还为大学先修课项目的参与者们提供了各种奖励，如推出教师培训奖励，每位通过大学先修课审核的教师与参加大学先修课岗前培训的教师将得到 650 美元的奖金；州政府还为所有公立中学的学生支付大学先修课考试费用；每个学校根据大学先修课考试等级 3 以上的成绩可以获得州政府

---

❶ 吴敏.美国进阶先修课程项目研究 [D].上海：华东师范大学，2008:23.
❷ 谭娟.美国 AP 课程发展的新动态：成效与问题并存 [J].世界教育信息，2010(12):55.
❸ 吴敏.美国进阶先修课程项目研究 [D].上海：华东师范大学，2008:20.
❹ 赵丹.美国先修课程计划追求教育公平的实践研究 [J].基础教育，2010(11):53.

提供的每门课 50 美元的奖励。❶ 在实行奖励激励措施方面，尤以俄克拉荷马州的做法为甚，该州教育部给大学先修课程授课教师提供了 1800 美元的鼓励。此外，根据年度学生的大学先修课考试成绩，教师还有额外的奖金收入。比如，有一名学生在大学先修课考试中得到等级五的成绩，那么教师能得到 300 美元的奖励，等级四的奖金为 200 美元，等级三则为 100 美元。大学先修课教师在正常授课时间之外为学生提供辅导则能获得每小时 15 美元的加班奖金。此外，该州还在大学委员会为低收入学生减免考试费的基础上，为每一位参加大学先修课考试的学生减免 30 美元的考试费。❷ 德克萨斯州大学先修课奖励计划根据学生大学先修课考试的分数同时奖励少数学生和他们的任课教师 100 ～ 500 美金不等的现金。❸

另外，在某些州，大学先修课考试合格的学生能够获得某些奖学金。例如，马萨诸塞州的一个州立高等教育院校任何两门考试合格并保持 GPA3.3 的学生都被免除 8 个学期的学费。在明尼苏达州，成功通过大学先修课考试的学生会收到价值 1200 美元的成就奖学金（Achieve Scholarship）。一些州，包括马萨诸塞州、亚利桑那州和肯塔基州将大学先修课成绩作为奖学金的先决条件。❹

大学理事会为排除种族、经济障碍做出了很多努力。为了促进大学先修课项目的深入发展，使得更多学有余力的学生参与大学先修课项目，并且尽量排除学生在经济、种族等方面的障碍，大学委员会与社会弱势群体组织之间开展了广泛的合作。1999 年，大学先修课程在大学录取中的作用导致了加利福尼亚州的两起诉讼案，这两起诉讼均声称，由于很多高中不开设大学先修课程，或因为有些学生无力支付大学先修课考试的费用，使得少数族裔和低收入家庭的学生无法公平参与竞争，进而在后续的大学录取中处于劣势地位。这两起诉讼进一步推进了大学先修课项目向"促进公平"的方向发展。加利福尼亚州立法机构拨款 3000 万美元用于扩展大学先修课项目，为贫困学区

---

❶ 吴敏 . 美国进阶先修课程项目研究 [D]. 上海：华东师范大学，2008:20.
❷ 吴敏 . 美国进阶先修课程项目研究 [D]. 上海：华东师范大学，2008:20.
❸ 唐璐 . 美国大学先修计划研究 [D]. 桂林：广西师范大学，2016.
❹ 唐璐 . 美国大学先修计划研究 [D]. 桂林：广西师范大学，2016.

提供在线大学先修课程的资金支持。❶2000年，加利福尼亚州大学预备学校项目为不开设大学先修课程的学校提供在线大学先修课程。乔治亚州、南卡罗来纳州和田纳西州与美国南部地区教育委员会创立"AP在线"项目，此项目由联邦政府资助，为低收入家庭具有学术潜质的学生提供参加大学先修课程的途径。❷

2005年，大学理事会与全美州长协会联合发起了先修课程扩张计划，该计划在亚拉巴马州、肯塔基州、内华达州、威斯康星州、缅因州以及佐治亚州的51所农村和市区学校实施。❸大学先修课项目与国家印第安教育联合会（National Indian Education Association，NIEA）及西班牙裔大学联合会（Hispanic Association of Colleges and Universities，HACU）建立了多年的合作伙伴关系，且正在与黑人学校教育者国家联盟（National Alliance of Black School Educators，NABSE）等其他组织协商建立合作关系。❹

大学理事会就专门为身患残疾的学生设计了独特的先修考试方式。❺大学理事会专门为那些所在学校没有开设先修课程的学生提供跨校选修先修课程的机会，只要与学生所在地任意学校的大学先修课协调人联系即可报名修读先修课程，以此保证这些学生拥有和其他学校的学生一样的修习先修课程的机会。大学理事会通过发行大量刊物，扩大先修课程计划在弱势群体中的影响力。❻

学校普遍采用开放的大学先修课入学政策来推进先修课程教育公平。不同的大学先修课程入学政策都会或多或少将一些学生阻挡在先修课程的大门之外。开放的大学先修课入学政策不设置任何入学条件，保证每位学生拥有相同的入学权利。❼

❶ 张婷婷. 美国大学先修课程质量管理研究 [D]. 北京：北京大学，2016.
❷ Susan P. Santoli. Is there an Advanced Placement Advantage [J]. American Secondary Education, 2002, 30(3): 23–35.
❸ 赵丹. 美国先修课程计划追求教育公平的实践研究 [J]. 基础教育，2010(11):53.
❹ 吴敏. 美国进阶先修课程项目研究 [D]. 上海：华东师范大学 2008:20.
❺ 赵丹. 美国先修课程计划追求教育公平的实践研究 [J]. 基础教育，2010(11):53.
❻ 赵丹. 美国先修课程计划追求教育公平的实践研究 [J]. 基础教育，2010(11):53.
❼ 赵丹. 美国先修课程计划追求教育公平的实践研究 [J]. 基础教育，2010(11):54.

美国高中也在纷纷反思本校的大学先修课程申请政策是否适宜，是否既能使真正有潜力的学生成功得到学习大学先修课程的机会，又能避免因标准过低，致使部分申请到学习资格的资质欠佳学生在该课程学习中承受过大的心理压力，难以胜任学习任务。在阿肯色和佛罗里达等州，学校使用来鉴定学生是否具有学习大学先修课程的潜力，增加了大学先修课程的选修学生数，使那些真正有潜力的学生获得了大学先修课程的选修机会。❶

二、美国大学先修课实施效果评估

纵观大学先修课近 60 年的发展历程，大学先修课项目的目标也在随着社会环境的变化而不断调整。从实现高中到大学课程的有效衔接，到为大学招生提供评价标准；从甄别天赋学生、为其提供富有挑战的课程，到提高大学生的学业完成率；从增加高中生被大学录取的机会，到减轻学生就读大学的经济负担。那么，大学先修课项目的目标是否得以实现？支持方认为大学先修课程有助于学生更好地适应大学、取得更好的成绩、获得奖学金、在四年内顺利完成大学学业等。而反对方则认为大学先修课项目过于泛滥，违背了设立初衷；过于强调一知半解的记忆，不利于学生智力和好奇心的发展等；一些大学开始接受在大学先修课考试中获得 3 分或 4 分的学生，尽管通过考试的学生比例与日俱增，但学生未必真正达到了大学水平。❷❸❹

大学先修课目标的多元化要求对大学先修课项目实施效果的评价也应从多个维度展开。在此将大学先修课项目的目标分为效率目标和公平目标两个维度。其中，效率目标包括三个指标：增加大学入学机会，提高大学完成率，丰

---

❶ 谭娟. 美国 AP 课程发展的新动态：成效与问题并存 [J]. 世界教育信息，2010(12):55.

❷ Kyburg R M, Hertberg-Davis H,Callahan C M. Advanced Placement and International Baccalaureate Programs: Optimal Learning Environments for Talented Minorities?[J]. Journal of Advanced Academics, 2007, 18(2):172–215.

❸ Santoli S P. Is there an Advanced Placement Advantage?[J]. American Secondary Education, 2002, 3(2):23–25.

❹ Solorzano D G & Ornelas A. A Critical Race Analysis of Advanced Placement Classes: A Case of Educational Inequality [J]. Journal of Latinos and Education, 2002, 1(4):215–229.

富学生的高中经历。公平性目标包括三个指标：减轻学生就读大学的经济负担，缩小学生间的成绩差异，降低对大学先修课项目中学和非项目学生的影响。接下来将通过全面梳理有关大学先修课项目的最新实证研究，从效率和公平两个维度的六大指标对美国大学先修课的实施效果进行全面分析，并对产生这一结果的可能原因进行阐释，以期为我国大学先修课项目的开展提供有益的借鉴。

（一）效率性评价

1. 大学先修课有助于丰富高中经历吗？

大学先修课项目的支持者宣称，参与大学先修课项目的学生可以通过小班学习与经验丰富的老师和积极进取的同伴一起进行学习探索。但是，反对者则认为，事先假定大学先修课学生的高中经历更加丰富是错误的，可能的原因之一是，大学先修课程水平不一。尽管大学委员会通过建立"旁听机制"来监督中学的课程大纲和相关课程资料，且大学委员会也强烈建议大学先修课教师参与专业培训，但是对此并没有强制性要求。尽管一般来说大学先修课程的教师更有经验，但是大学先修课教师水平参差不齐也是不争的事实。[1] 大学先修课学生的经历和表现在很大程度上受到教师教导质量的影响。[2][3] 比如，一项对1000名大学先修课生物教师所做的调查发现，教师花在帮助学生准备考试的时间差异很大，有三年以上经验的教师所教出来的学生要比经验不足的教师教出来的学生表现更好。[4]

可能的原因之二是，很多科目的大学先修课程和考试内容过于广泛且侧重记忆，学生要想获得好成绩就需要死记硬背，任课教师也认为应试教育辅导要

[1] Finley M K. Teachers and Tracking in a Comprehensive High School [J]. Sociology of Education, 1984, 57(4):233–243.

[2] Paek P L, Ponte E, Sigel I, et al, D. A Portrait of Advanced Placement Teachers' Practices [R]. New York: The College Board Research Report, 2005:7.

[3] Milewski G B & Gillie J M What Are the Characteristics of AP Teachers? An Examination of survey Research [R]. New York: The College Board Research Report, 2002:10.

[4] Paek P L, Ponte E, Sigel I, et al. A Portrait of Advanced Placement Teachers' Practices [R]. New York: The College Board Research Report, 2005:7.

比帮助学生深入理解及培养学生的批判性思维更为简单有效。批评者担心学生学习这类课程反而不利于大学阶段的学习，一些教授甚至担心参与大学先修课项目反而会削弱学生的好奇心。❶为应对这一质疑，大学委员会于 2001 年开始对课程进行重新设计，新的大学先修课程和考试更加强调实验室学习，更加关注如何紧密地将高中教育与大学教育模式接轨。

此外，还有一个可能的原因是学生修读大学先修课程的目的也不尽相同。很多学生参加大学先修课是为了增加被大学录取的机会，而并非真正对所修课程感兴趣。❷还有一些学生是为了获得大学先修课资助而选择参加大学先修课程；对那些家庭经济条件不好的学生来说，部分考试费用可以抵除免税额。❸❹一些州还提供额外的奖学金，比如德州的 APIP 项目（Advanced Placement Initiative Program）会向通过大学先修课考试的学生和授课老师发放一定数额的奖金。❺2009 年的调查显示，基于绩效的激励在提高考试通过率方面并不成功，甚至与英语、作文和 AB 计算考试的通过率负相关。❻但是，另一项研究则发现这些激励是有效的。❼这种互相矛盾的研究发现可能是由于后者的研究聚焦于整个 APIP 项目，而奖学金激励只是这个项目的一个组成部分，APIP 项目还包括教师培训、学生额外辅导、课程调整等。

2. 参与大学先修课能够增加被大学录取的机会吗？

大学先修课的初衷是向学有余力的高中生提供富有挑战的大学水平课程，

---

❶ Gollub J P, Bertenthal M W, et al. Learning and Understanding : Improving Advanced Study of Mathematics and Science in US High Schools [R]. NBC Report, 2002.

❷ Pope D. Doing School: How We are Creating a Generaa Tion of Stressed-Out, Materialistic, and Miseducated Students [M]. New Haven: Yale University Press, 2002.

❸ National Center for Education Statistics. Education Longitudinal Study of 2002[EB/OL]. (2014-3-4)[2018-10-5]. http://nces.ed.gov/surveys/els2002/.

❹ Jeong D. W. Student Participation and Performance on Advanced Placement Exams: Do State-sponsored Incentives Make a Difference?[J]. Educational Evaluation and Policy Analysis, 2009, 31(4):346-366.

❺ Jackson C K. Cash for Test Scores; The Impact of the Texas Advanced Placement Incentive Program [J]. Education Next, 2008, 8(4):70-77.

❻ Jeong D W. Student Participation and Performance on Advanced Placement Exams: Do State-sponsored Incentives Make a Difference?[J]. Educational Evaluation and Policy Analysis, 2009, 31(4):346-366.

❼ Jackson C K. Do College-prep Programs Improve Long-term Outcomes? (NBER Working Paper 17859)[EB/OL]. (2014-3-4)[2018-10-5]. http://www.nber.org/papers/w17859.

通过考试的学生可以免修部分大学学分。但是，20世纪80年代开始，大学先修课项目逐渐传递出影响大学招生录取的信号作用。

一项针对264位大学和学院负责人的调查显示，高水平大学为了鉴别学生能力，通过大学先修课考试选拔那些成绩优异的申请者。❶2005年一项针对539所大学和学院的调查显示，高达91%的学校在招生录取过程中会考虑学生的大学先修课经历。❷但是，每所大学如何利用这一信息来选拔学生并不相同。一些大学在权衡学生的高中成绩时会给大学先修课学生一个额外的权重，一些大学则只是简单地将申请者的大学先修课分数视作参考，还有一些选拔性较高的大学则明确鼓励潜在的申请者主动挑战那些难度较大的大学先修课程。❸

与此同时，不断有研究者警告大学和政策制定者：大学先修课经历能否真正促进学生在大学期间的学业表现仍然没有定论，使用大学先修课分数作为招生选拔依据是存在问题的。❹而且，那些来自落后学校的学生往往不能获得参与大学先修课的同等机会。❺❻因此，参与大学先修课究竟能够在多大程度增加学生被大学录取的机会仍然需视不同大学的要求而定。

3. 参与大学先修课能够提高大学完成率吗？

高中期间修读大学先修课程与顺利完成大学学业之间是否存在因果关系一直是围绕大学先修课项目争论的焦点。大学先修课项目的支持者认为，修读

---

❶ Gollub J P, Bertenthal M W, et al. Learning and Understanding: Improving Advanced Study of Mathematics and Science in US High Schools [R]. NBC Report, 2002.

❷ Sathre C O & Blanco C. D. Policies and Practices at Postsecondary Institutions [J]. Moving the Access and Success, 2006:25.

❸ Geiser S, Santelices V. The Role of Advanced Placement and Honors Courses in College Admissions [J]. Expandind Opportunity in Higher Education: Leveraging promise, 2004:75–113.

❹ Klopfenstein K & Thomas M K. Evaluating the Policies of States and College [M]// In P.M. Sadler, G. Sonnert, R. H. Tai, K. Klopfenstein (Eds.), AP: A Critical Examination of the Advanced Placement Program. Cambridge, MA: Harvard Education Press, 2010:167–188.

❺ Sadler P.M. Advanced High School Coursework and College Admissions Decisions. In P.M. Sadler, G. Sonnert, R. H. Tai, K. Klopfenstein (Eds.), AP：A Critical Examination of the Advanced Placement Program [M]. Cambridge, MA: Harvard Education Press, 2010:245–261.

❻ Geiser S, Santelices V. The Role of Advanced Placement and Honors Courses in College Admissions [J]. Expandind Opportunity in Higher Education: Leveraging promise, 2004:75–113.

大学先修课程的学生在大学期间学习更努力、成绩更好、更早毕业。❶❷ 最早研究大学先修课对大学学业表现的研究以耶鲁大学作为研究对象，其发现，在整个大学期间，大学先修课学生的学习成绩更好，且修读了更多的与大学先修课相关的课程。❸❹1993 年，摩根与克罗内研究加利福尼亚大学曾经参加 STEM 科目 ❺ 大学先修课考试的 3000 名学生，发现大学先修课学生在大学期间学习这些专业的比例更高，且通过大学先修课考试的学生在大学相关科目的成绩更好。为此，一些学者甚至将大学先修课分数称为预测学生大学入学和毕业的最好指标。❻

但是，一些研究指出，这种因果关系的推断过于简单。上述研究仅简单比较了参加大学先修课项目的学生与未参加大学先修课项目学生在大学期间的表现。事实上，两类学生之间的差异并不一定是因为大学先修课项目造成的，也就是说，那些在高中阶段参与大学先修课的学生可能本身就是学习努力、智力突出、家庭背景较好的学生，这些特征在他们进入大学后仍然使其更容易获得学业的成功，而与是否参加大学先修课项目或是否通过大学先修课考试并无关系。❼ 加之，大学先修课学生就读的中学往往都位于社会经济条件较好的社区，

❶　Morganm R & Ramist L Advanced Placement Students in College: An Investigation of Course Grades at 21 Colleges [J]. Princeton, NJ：Educational Testing Service, 1998.

❷　Morganm R & Maneckshana R. Statistical Report. AP Students in College：An Investigation of Their Course Taking Patterns and College Majors [J]. Educational Testing Service. Princeton, NJ：Educational Testing Service, 2000.

❸　Wileox E T. Seven Years of Advanced Placement [R]. New York: College Board Review, 1962(48): 29–34.

❹　Burnham P S, & Hewitt B A. Advanced Placement Scores：Their Predictive Validity [J]. Educational and Psychological Measurement, 1971, 31(4):939–945.

❺　STEM 代表科学（Science），技术（Technology），工程（Engineering），数学（Mathematics），STEM 教育就是科学、技术、工程、数学的教育。

❻　Everson H T & Donnelly S W. The College Board's Advanced Placement Program：A Review of the Literature [J]. Advanced Programs Initiative Working Paper (2010), 2010(1).

❼　Dougherty C, Mellor L & Jian S. The Relationship between Advanced Placement and College Graduation. National Center for Educational Accountability: 2005 AP Study Science, Report 1. Austin, Texas：National Center for Educational Accountability (2006)[EB/OL].(2014–3–4)[2018–11–5]. http:// www.just4kids.org/en/files/Publication–The_Relationship_between_Advanced_Placement_and_College_ Graduation–02–09–06.pdf. 2014–03–04.

学校资源丰富、条件优异 ❶，讲授大学先修课的老师往往也都是经验丰富的老师。❷ 因此，大学先修课学生在大学期间的优秀表现可能源于上述任何一种或多种原因，而非仅仅是参加大学先修课项目。

　　为了控制这种自选择偏差，研究者使用了各种计量方法，但仍对做出因果结论十分谨慎。多尔蒂（Dougherty）等人的研究除了控制学生的一系列人口特征外，还控制了学生八年级的学习状况。尽管研究发现参与大学先修课项目并通过大学先修课考试的学生比非大学先修课学生的大学表现更优异，但研究者仍然对这种差异是否因大学先修课所致持保留态度。❸ 而在控制了学生的家庭社会背景后，没有通过大学先修课考试的学生（尤其是那些来自低收入家庭的学生），按时毕业率并不比不参加大学先修课考试的学生更高。塔伊等人的研究控制了学生的前期学业表现、父母的受教育程度、八年级的职业期望，发现参加大学先修课考试的学生获得物理、工程专业学位的可能性更大；而参加大学先修课生物、化学或物理考试的学生获得生命科学学位的可能性更大。❹ 得到这一发现并不令人意外，如果学生对某一领域特别感兴趣，那么他们就更可能在大学期间学习该领域或相关领域。

　　哈格罗夫（Hargrove）等人则随机选择了 55 个学校进行调查，并通过匹配大学先修课学生和非大学先修课学生的 SAT 成绩和是否接受免费午餐来控

---

❶ Klopfenstein K & Thomas M K. (2005). The Advanced Placement Performance Advantage：Fact or Fiction？. American Economic Association [EB/OL]. (2014-3-4) [2018-11-5]. http://www.aeaweb.org/annual_mtg_papers/2005/0108_1015_0302.pdf. 2014-03-04.

❷ Paek P L, Braun H, Ponte E, et al, D. AP Biology Teacher Characteristics and Practices and Their Relationship to Student Achievement. In P. M. Sadler, G. Sonnert, R. H. Tai, K. Klopfenstein (Eds.), AP：A Critical Examination of the Advanced Placement Programs [M]. Cambridge, MA：Harvard Education Press, 2010:63-84.

❸ Dougherty C, Mellor L & Jian S. The Relationship between Advanced Placement and College Graduation. National Center for Educational Accountability: 2005 AP Study Science, Report 1. Austin, Texas：National Center for Educational Accountability (2006)[EB/OL]. (2014-3-4)[2018-11-5]. http://www.just4kids.org/en/files/Publication-The_Relationship_between_Advanced_Placement_and_CollegeGraduation-02-09-06.pdf.

❹ Tai R H, Liu C Q, Almarode J T, et al. Advanced Placement Course Enrollment and Long Range Educational Outcomes. In P. M. Sadler, G. Sonnert, R. H. Tai, K. Klopfenstein (Eds.), AP：A Critical Examination of the Advanced Placement Programs [M]. Cambridge, MA：Harvard Education Press, 2010: 109-119.

制学生在能力和家庭社会经济背景的差异，并使用大学第一年和第四年的绩点及是否按时毕业来衡量学生大学期间的学业情况。❶ 研究发现，相比那些没有参与大学先修课项目的学生及参与大学先修课项目但是没有通过考试的学生，参加大学先修课项目且通过大学先修课考试的学生在大学期间的成绩更加优异，四年后顺利毕业的比例更高。而参与大学先修课项目但没有参加大学先修课考试的学生也比那些没有任何大学先修课经历的学生在大学期间的表现更加出色。

另一些实证研究则发现大学先修课项目对大学表现并没有显著影响。比如，达菲针对田纳西大学马丁分校 800 个大学生的调查发现，在控制了学生的高中成绩、肤色、家庭收入、父母的受教育情况后，是否通过大学先修课项目获得大学学分与学生在大学期间的表现（如学习成绩、按时毕业）之间并没有显著关系。❷ 盖译（Geiser）和圣特利塞斯（Santelices）对加利福尼亚州立大学 8100 名学生的研究控制了学生的家庭社会经济背景以及前期的学习成绩，发现是否参与大学先修课项目与学生在大学一二年级的学习成绩没有显著关系。❸ 克鲁普费恩斯坦（Kloptenstein）与托马斯（Thoms）的研究也得到了类似的发现。❹

可见，尽管大量研究人员试图通过多种方法减小参与大学先修课项目的学生的自选择偏差，以分离出大学先修课程本身对学生在大学期间学业成绩、毕业率等方面的影响，但研究发现并不一致。参与大学先修课项目是否有助于提高学生在大学期间表现和学业完成率目前尚无定论，还有待进一步的研究。

---

❶ Hargrove L, Godin D & Dodd RB. College Outcomes Comparisons by AP and Non-AP High School Experiences [R]. College Board Research Report. New York：College Board, 2008(3).

❷ Duffy W R. Persistence and Performance at a Four-year University：The Relationship with Advanced Coursework During High School. In P. M. Sadler, G. Sonnert, R. H. Tai, K. Klopfenstein (Eds.), AP：A Critical Examination of the Advanced Placement Programs [M]. Cambridge, MA：Harvard Education Press, 2010:139-163.

❸ Geiser S, Santelices V. The Role of Advanced Placement and Honors Courses in College Admissions [J]. Expandind Opportunity in Higher Education：Leveraging Promise, 2004:75-113.

❹ Klopfenstein K & Thomas M K. The Advanced Placement Performance Advantage：Fact or Fiction？. American Economic Association [EB/OL]. (2014-3-4)[2018-11-5]. http://www.aeaweb.org/annual_mtg_papers/2005/0108_1015_0302.pdf.

（二）公平性评价

1. 大学先修课是否有助于减轻贫困家庭孩子就读大学的经济负担

大学先修课项目的支持者认为，学生可以在高中修读大学课程并获得大学学分，从而节省获得学士学位的时间成本和经济成本。[1] 对于那些家庭经济背景较差的学生来说，如能免修一定的大学学分，就能少支付一部分学费，如能尽快毕业，还能尽快工作并获得收入。然而研究发现，在控制了学生的背景特征之后，大学先修课学生和非大学先修课学生完成本科学业的时间差异很小。[2]

可能的原因包括以下三个方面：一是不同大学对待大学先修课学分的政策各有不同。比如，一些学校可以直接认可学生的大学先修课学分，但是另一些学校则只是同意学生可以直接修读相关领域更高级别的课程。而且，不同大学对"通过大学先修课考试"的定义和标准也略有不同，很多学校认为得到 3 分以上的成绩即是通过，而有的学校则要求分数达到 4 分以上才算通过，哈佛大学则只接受 5 分的大学先修课成绩，达特茅斯学院近来则宣布不再认可任何大学先修课考试。[3] 二是一些学生即便满足免修条件，仍然主动选择在进入大学后再次修读相关课程，因此总体修业时间并没有缩短。[4] 三是很少有学生能够因为

[1] Mac Vicar R. Advanced Placement. Increasing Efficiency in High School–university Articulation [EB/OL]. (2014–3–4)[2018–11–5]. http://eric.ed.gov/?d=ED306835 Distributed by ERIC Clearing–house, 1988.

[2] Klopfenstein K. Does the Advanced Placement Program Save Taxpayer Money？ The Effect of AP Participation on Time to College Graduation. In P. M. Sadler, G. Sonnert, R. H. Tai, K. Klopfenstein (Eds.), AP：A Critical Examination of the Advanced Placement Programs [M]. Cambridge, MA ： Harvard Education Press, 2010:189–218.

[3] Lewin T. Dartmouth Stops Credits for Excelling on A.P. Test. New York Times, 2013, January [EB/OL]. (2013–1–18)[2014–3–4]. http://www.nytimes.com/2013/01/18/education/dartmouth–stops–credits–for–excelling–on–ap–test.html?_r=0.

[4] Sadler P M & Sonnert G. High School Advanced Placement and Success in College in the Sciences. In P. M. Sadler, G. Sonnert, R. H. Tai, K. Klopfenstein (Eds.), AP：A Critical Examination of the Advanced Placement Programs [M]. Cambridge, MA：Harvard Education Press, 2010:119–138.

通过大学先修课免修一个学期学分，因此也很难提前毕业。❶❷

可见，尽管从理论上来讲，参与大学先修课项目并达到大学的相应标准就可以获得相应的大学学分并免修一定课程，从而节省学生获得学士学位的时间和经济成本，但无论从已有的研究发现来看，还是从各种可能的现实原因而言，似乎都无法得到这一结论。

2. 大学先修课是否有助于缩小学生间的成绩差距

近年来大学先修课项目被认为是缩小成绩差距及提高教育公平的重要手段之一。2000 年大学委员会的主席加斯顿·卡珀顿（Gaston Caperton）与教育部长理查德·莱利（Richard Riley）发起了一项扩张大学先修课项目的计划，提出要在 2010 年前使美国的每所中学都能提供 10 门大学先修课课程，原因是他们认为大学先修课项目能够提高标准和预期，帮助学生进行大学准备，并能提供一种通用课程和评估。❸❹❺ 然而，研究却发现，由于相当数量的学生没有通过大学先修课考试，大学先修课课程的引入并没有提高学生的学习质量和能力，因此，很多扩张努力都没有达到预期效果。❻ 造成这一结果最可能的原因在于，如果只是单纯地引入与大学水平相当的大学先修课程，而学生缺少学习这些高

❶ Klopfenstein K. The Effect of AP Participation on Time to College Graduation：Technical Report (2008)[EB/OL]. (2014–3–4)[2018–1–5]. http://www.utdallas.edu/research/tsp–erc/publication.html.

❷ Klopfenstein K. Does the Advanced Placement Program Save Taxpayer Money？ The Effect of AP Participation on Time to College Graduation. In P. M. Sadler, G. Sonnert, R. H. Tai, K. Klopfenstein (Eds.), AP：A Critical Examination of the Advanced Placement Programs [M]. Cambridge, MA：Harvard Education Press, 2010:189–218.

❸ Tapia R, Lanius C. Dispelling the Culture of Mediocrity：Expanding Advanced Placement [EB/OL]. (2014–3–4)[2016–1–5]. http://eric.ed.gov/?id=ED445106.

❹ A Forum to Expand Advanced Placement Opportunities：Increasing Access and Improving Preparation in High School [EB/OL]. (2014–3–4)[2016–1–5]. http://www.eric.ed.gov/ERICWebPortal/detail?accno=ED448523.

❺ Lichten W. Whither Advanced Placement–Now [M]// In P. M. Sadler, G. Sonnert, R. H. Tai, K. Klopfenstein (Eds.), AP：A Critical Examination of the Advanced Placement Programs. Cambridge, MA：Harvard Education Press, 2010:233–234.

❻ Lichten W. Whither Advanced Placement–Now [M]// In P. M. Sadler, G. Sonnert, R. H. Tai, K. Klopfenstein (Eds.), AP：A Critical Examination of the Advanced Placement Programs. Cambridge, MA：Harvard Education Press, 2010:233–234.

难度课程的学术水平，那么项目是不可能成功的。❶

对于那些获得成功的大学先修课学校来说，大学先修课项目只是教育改革的一个方面。比如，作为 APIP 的组成部分，德州的一所学校于 1996 年开始启动一个课外辅导及教师专业培训的项目，且在低年级就进行了一些与大学先修课项目相关的课程改革。该项目成功获得美国数学与科学行动（The National Math and Science Initiative）的奖励，并引发其他各州的纷纷效仿，比如马萨诸塞州也设置了相应的计划（Massachusetts Math and Science Initiative，MMSI）并取得了积极的结果。❷ 当然，马萨诸塞州的成功也可能是诸多因素共同作用的结果，比如设置更加清晰的目标、向学生提供额外指导、提供教师培训的机会等。

公平地说，参与大学先修课项目但是没有通过考试对学生也是有好处的。❸ 但是，仅仅希望通过大学先修课项目来缩小成绩差距是不够的，还需要有一系列配套的改革，如课程设置的调整、教师的相关培训等。

3. 大学先修课是否能向非项目学生形成积极的辐射作用

尽管大学先修课项目的扩张速度很快，但是项目在不同人群中的分布却并不均衡。那些少数族裔学生比例越高的学校，参与大学先修课程教学的可能性越小。❹ 美国大学委员会的研究表明，预期会参加大学先修课项目的非洲裔美国人和西班牙裔美国人中，仅有 33% 实际参与了大学先修课项目。由于这些少数族裔学生往往来自受教育程度不高的家庭，他们没有机会获得充足的教育咨询和指导，因此，对参加大学先修课项目的意识和准备不足，这进一步降低了他们参加大学先修课的可能。❺

---

❶ Dougherty C & Mellor L. Preparation Matters [R]. Austin,TX：National Center for Educational Achievement, 2009.

❷ Mass Insight Education. Mass Math+ Science Initiative：Impact (2012)[EB/OL]. (2014-3-4) [2016-1-5]. http://www.massinsight.org/mmsi/impact/.

❸ Hargrove, L Godin D & Dodd R B. College Outcomes Comparisons by AP and Non-AP High School Experiences [R]. College Board Research Report. New York：College Board, 2008(3).

❹ Graduate School, City University of New York. Lucy Barnard-Brak, Valerie McGaha-Garnett, and Hansel Burley NASSP Bulletin [R]. September, 2011, 95(3):165-174.

❺ Burton N, Whiteman N, Yepes-Baraya M, et al. Minority Students Success：The Role of Teachers in Advanced Placement Program (AP)Course [R]. College Board Research Report. New York: College Board, 2008(3).

那么，没有参加大学先修课可能会对这些学生造成什么影响呢？有研究指出，从学校的角度来看，管理大学先修课项目本身需要额外的机会成本，更重要的是，从学生的角度来看，同一学校中的非大学先修课学生也可能不得不为大学先修课项目"买单"。一个可能的原因是，由于好老师都被吸引去教授大学先修课程，因此，非大学先修课学生所获得的教育质量就可能会受到影响；而另一个可能的原因是，大学先修课项目要求小班教学，一些学校由于教师数量有限而不得不增加非大学先修课项目学生的班级规模；此外，由于学校必须对大学先修课程投入人力财力，因此，非大学先修课程的资源也会不可避免地受到一定的挤占。

参与大学先修课机会的不均等，不仅导致弱势学生群体无法获得优质的教育资源，还会被项目学生挤占已有的教育资源，甚至还有可能对学校整体质量产生负面影响。

三、小结

美国大学委员会的大学先修课项目被很多人视作美国一流高中教育的"黄金准则"及促进教育公平的有力工具，并在过去 20 年间飞速扩张。与此同时，对大学先修课项目实施效果的评估也不断涌现，评估结果各不相同。

从效率性评价来看，一方面，参与大学先修课项目的学生可以通过小班学习体验，与更富有经验的老师和学习更加积极的同伴一起深入学习；而另一方面，由于大学先修课程水平参差不齐、课程和考试广泛且侧重记忆、学生修读大学先修课程的目的也不尽相同等，大学先修课学生的高中经历未必更加丰富。一方面，数量可观的大学在招生录取过程中会考虑学生的大学先修课经历，修读大学先修课可能增加被大学录取的机会；另一方面，每所大学对大学先修课的认可程度和标准不尽相同，大学先修课究竟能够在多大程度上增加学生被大学录取的机会仍然需视具体情况而定。一方面，修读大学先修课课程的学生在大学期间学习更努力、成绩更好、能够更快毕业；另一方面，由于自选择偏差的存在，那些在大学先修课考试中取得优异成绩的学生，即便没有参加大学先修课项目，也很可能在大学阶段顺利完成学业，大学先修课在其中发挥了多大的作用仍然不得而知。

从公平性评价来看，尽管大学先修课致力于帮助学生免修一部分大学学分，但是大学先修课学生和非大学先修课学生完成本科学业的时间差异很小，减轻贫困家庭孩子上大学经济负担的目标未能有效实现。而且，仅仅希望通过大学先修课项目来缩小学生间的成绩差距是远远不够的，学校还需要进行一系列配套的改革措施，如优化课程设置、提供教师培训等。此外，参与大学先修课机会的不均等，有可能导致弱势学生群体无法获得优质的教育资源，甚至被项目学生挤占已有的教育资源。

不可否认的是，尽管很多人把是否获得大学先修课项目看作是衡量学校质量的重要标准，把是否通过大学先修课考试视为衡量高中生是否达到大学水平的关键指标，但是，大学先修课项目的目标能否实现受到诸多因素的影响，比如，学生参加大学先修课的动机、大学对大学先修课分数的认可程度、项目高中的教师水平、课程质量等。事实上，那些在大学先修课项目中取得成功的学校，并非仅仅是因为引入大学先修课课程，更重要的是他们将大学先修课视为改革的一个工具，并提供充足的资金支持、系统的教师培训、完善的学生指导等一系列配套措施。

总之，尽管大学先修课项目在过去60年间成绩斐然，但也受到一定的质疑，对其进行科学有效的评估，有利于适时调整政策方向，促进项目使命的实现。

第二章

中国大学先修课的缘起与发展

一、中国大学先修课项目的缘起

相比美国，中国大学先修课的起步较晚。1996—2001 年，南京金陵中学与南京大学、东南大学、浙江大学、上海交通大学、华中科技大学、西安交通大学等高校（清华大学后来加入）联合举办教改实验班，规模达 70 人，取消高考应试课程，代之以微积分、英语等大学先修课程，学生高中毕业后保送升入这些高校继续学习。金陵中学的目标非常明确：推行中国的大学先修课程，即参照美国大学先修课程的做法，学生可以使用大学先修课成绩来申请大学，还可以免修部分大学课程。然而，这项改革实验最后无疾而终。❶

2003 年 5 月，厦门双十中学与厦门大学签订了教学合作意向书，厦门双十中学学生可提前选修厦门大学课程，完成课程计划经考核合格后可获学分，并由厦大教务处出具成绩证明，若之后该生考入厦门大学，厦门大学承认其已获得的学分。❷2009 年，上海交通大学附中与上海交大共同制定了联合培养创新人才的方案，聘请交大的教授、专家开设特设课程，内容分为工程科学、生命科学、信息科学 3 大类 9 个项目 25 个小科目。❸

---

❶ 李文君 . 中国大学如何开设先修课程 [J]. 教育与职业，2013(7):70-73.

❷ 瞿方业 . 高中生选修大学课程不可取 [J]. 教育与职业，2013(10):92.

❸ 周俊辉 . 大学先修课程开设过程中存在的问题及对策 [J]. 河南科技（上半月），2013(6):258.

　　2011 年 1 月，北京市正式启动大学为高中生举办先修课试点❶，北大附中、北京十一中学等学校已开设了此类课程，"以满足学生自主发展的要求，避免让学有余力的学生进行无意义的重复学习。让部分中学特优生的学习能力、思维能力得到更好的锻炼，让他们提前适应大学的学习方式。"❷

　　2012 年 10 月 23 日，《浙江省高等学校面向普通高中学生开发开设大学先修课程的指导意见》（以下简称《意见》）正式出台，鼓励学校开发更多优质的先修课程，引导学生自主选择、自主学习、自主发展，培养出更多全面而有个性的多样化人才。《意见》规定："先修课程由高校独立开发或与普通高中合作，鼓励利用现代教育技术，开发网络先修课程，先修课程可以在高校开设或在普通高中开设。普通高中建立选课指导制度，合理安排并提前公布先修课程模块开设时间、地点、任课教师相关信息，让学生在教师指导下自主选课，有计划地到普通本科院校、高等职业学校修习先修课程。"❸

　　北京市教委在 2013 年的工作要点中提出："继续支持 70 所左右特色高中学校建设，推进自主课程设置试验，支持开设自主研修课程、选修课程，探索开设大学先修课程。"❹

　　《国家中长期教育改革和发展规划纲要（2010—2020 年）》提出，"树立多样化人才观念，尊重个人选择，鼓励个性发展，不拘一格培养人才。树立系统培养观念，推进小学、中学、大学有机衔接"。党的十八届三中全会对"深化教育领域综合改革"作出全面部署，对高中教育教学改革提出了新的更高要求。国务院于 2014 年发布了《国务院关于深化考试招生制度改革的实施意见》，明确要求启动高考综合改革试点。考试招生制度改革为教育综合改革带来了活力，使学有余力的中学生把更多精力用于发展个人兴趣和特长，为在高中开设大学先修课程提供了必要的制度环境。

　　在此制度背景下，2013 年北京大学与全国部分中学合作启动大学先修课。随后，清华大学和中国教育学会也相继启动类似项目。我国大学先修课经过三

❶ 施剑松. 大学先修课授受"两头热"[N]. 中国教育报，2013-6-26.
❷ 陆健. 说说中学"选修"和大学"先修"[J]. 教育实践与研究：中学版，2013 (8):9.
❸ 李文君. 中国大学如何开设先修课程 [J]. 教育与职业，2013(7):70-73.
❹ 施剑松. 大学先修课授受"两头热"[N]. 中国教育报，2013-6-26.

年多的发展，规模迅速壮大。以北京大学为例，截至 2016 年 5 月全国已有 226 所中学参与了试点工作，共组织 6 次学生考试和 7 次教师培训，总共参与的学生人数是 14508 名。

大学先修课一经推出，社会各界对此褒贬不一。《广州日报》的一篇报道认为，高中学生课业压力繁重，在时间如此紧张的情况下让高中生选修大学课程不切实际。《北京晚报》的报道认为，在高中学习大学课程是揠苗助长，教育应该让孩子打好基础，在适当的时刻成为栋梁之才，而在高考的指挥棒下一切正常的兴趣拓展都将成为功利性的强制学习。《西部商报》的报道认为，国内学校推行先修课的做法尚不成熟，在国内高考制度尚在起支配作用的前提下，大学先修课的实践意义不大。"燕赵都市网"的报道认为，大学选修课敌不过应试教育，应试教育体制下，一切都要经过"高考考不考"这把铁尺的衡量，凡是不能加分的项目就会被视如敝屣。❶

也有专家和媒体认为大学先修课在中国的开展有重要意义，应该积极采取措施让其融入中国教育环境。《华声在线》的报道认为，让高中生选修一些具有很强职业实践性的大学课程，不但不是"添乱"，还是重要的"补课"。《星辰在线》的报道认为，"高中选修大学课程"并非洪水猛兽，有其积极的价值意义，关键在于如何在"中国式教育"的背景内，将其吸纳融合，以便促进我国教育的发展。❷ 熊丙奇认为，要让大学选修课程起到促进中学教育的作用，就应该提高开放程度，应该由一个社会中介机构组织，向所有中学生开放选修，同时，自主招生高校均认可课程成绩，是否认可由大学自主决定。❸

清华大学附属中学校长王殿军认为，设置大学先修课程是突破高考改革瓶颈的一个合适的做法，设置大学先修课程可以摆脱应试教育的束缚，给学生以多样化教育；能推进大学和中学之间的衔接，解决高中毕业生无法契合大学需求的尴尬局面；能保证学生全面而有个性的发展（自主选择、丰富供给），解决

---

❶ 王召强 . 高中生选修大学课程：教育创新还是揠苗助长？——你说我说 [J]. 课堂内外：创新作文（高中版），2013(3):43.

❷ 王召强 . 高中生选修大学课程：教育创新还是揠苗助长？——你说我说 [J]. 课堂内外：创新作文（高中版），2013(3):43.

❸ 熊丙奇 . 以开放原则办好中国大学先修课程 [N]. 第一财经日报，2013-1-18.

学有余力的学生"吃不饱"的问题；能够通过网络化手段缓解教育资源不均衡的问题。他还指出，在中国开设大学先修课程面临四大挑战：提高公众对中国大学先修课程的认可度，提高中国大学先修课程体系的公信力，和现行的高中教育对接及具体实施的挑战。❶

二、中国大学先修课的项目目标

按照大学先修课的开办主体，我国的大学先修课项目可以分为两类：第一类是由大学牵头开办的项目，包括北京大学和清华大学；第二类是由大学和中学外的第三方机构开办的项目，即中国教育学会开设的项目。不同单位开设的大学先修课项目在设立时间、发展历程、开设科目、规模、发展方向等方面均存在一定的差异。

（一）北京大学的大学先修课

2013年2月，北京大学正式启动中国大学先修课程（Advanced Pre-University Courses，AC）项目，在全国部分中学选修课体系内开设大学程度的选修课。北京大学考试研究院将中国大学先修课定位为"以开拓思维为出发点，对学有余力的学生进行大学课程的培养，更好地衔接了高中阶段和大学阶段的学习，让学生能更快地适应大学生活，充分发挥自己的特长，学有所成"。此外，北京大学考试研究院院长秦春华曾提到："中国大学先修课旨在为少数学有余力的学生发展自己的学术兴趣而提供多样化的选择。"概括起来，北京大学主办的中国大学先修课项目具有以下目标。

1.扭转应试教育

应试教育强调学生死记硬背的能力，而相应的传统课堂也更强调学生记忆等能力的培养，忽视学生的自学能力、创新能力、分析能力的培养。中国大学先修课在课程内容和授课方式上都有别于传统课堂，注重对自学能力、逻辑思

---

❶ 王殿军.中国开设大学先修课程的挑战与思考[J].中国教师，2013(9).

维能力、分析问题和解决问题的能力的培养，这将在一定程度上改变学生学习和思维的方式，从而扭转目前应试教育中对于学生记忆能力的强调及僵化、刻板内容的考察。

2. 激发学生兴趣

正如北京大学考试研究院院长秦春华所言，"中国大学先修课旨在为少数学有余力的学生发展自己的学术兴趣而提供多样化的选择"。激发学生兴趣是中国大学先修课项目最重要的目标之一。在应试教育和高考的压力下，越来越多的学生丧失了学习的兴趣，对于自己未来的发展方向一片茫然，而中国大学先修课项目希望为学生提供一个发现自己兴趣和发展方向的机会，激发学生对某一学科的兴趣和潜能，为其后续学习和发展提供动力。

3. 开拓学生视野

随着信息时代的来临，信息化不仅为学生的学习和生活带来一定的便利，同时也在一定程度上占据着学生的日常生活，影响学生学习和阅读的时间，越来越多的学生成为"低头一族"，沉迷于手机、电脑、网络等。学生上网的时间越来越多而阅读的时间越来越少，长此以往，其知识的广度和深度都受到很大的影响。中国大学先修课希望通过引导学生阅读大量教材和补充书籍，提高阅读在学生日常生活中的比重，从而开拓学生的视野。同时，通过大量的阅读激发学生发现问题、思考问题、解决问题的能力，这也是北京大学进行探究式学习的一项尝试。

4. 提升教师教学水平

中国大学先修课项目依托地方高中组织开展课程对学生进行培养，因此，地方高中的教师在中国大学先修课项目中发挥重要的作用。北京大学希望通过中国大学先修课项目实现教师教学水平的提升，希望高中教师在备课、授课等环节中能够得到知识上的拓展和教学能力的提升。

5. 为高校自主招生提供参考依据

中国大学先修课项目通过向学生提供专业化的课程，在培养学生能力的同时也发挥了选拔的作用，它为培养专业化的人才提供了一个新的选拔途径。在项目设立之前中国大学先修课项目每年分春、秋两季进行考试，成绩测评报告作为自主招生录取申请材料阶段的加分因素，获得 A 档以上成绩（含 A 档）的考生，在同等条件下可择优获得北京大学自主选拔考试笔试资格，同时北京大学考试研究院也将每次考试中获得 A 档及以上成绩的学生名单发给 41 所理事成员单位，为合作院校在自主招生中选拔学生时提供参考。

6.顺利实现高中与大学的过渡

就学科本身而言，高中知识与大学知识存在一定的衔接。比如，大学物理基础课教学的知识点基本上与新课标之前中学课本的知识点衔接，而新课标将知识点模块化以后，按照三种不同的培养目标设置了必修模块和选修模块，在课程目标上更加注重提高全体学生的科学素养，允许学生按照兴趣自由发展，而不是要求所有的学生学习一样的课程。然而，由于高考集中招生录取制度，许多中学在教学过程中根本不考虑中学生应当具有的知识基础，而是高考考什么，老师教什么，学生练什么，这样一来，出现知识断裂的情况是必然的。❶对于那些在某一领域有浓厚兴趣的学生而言，完整的知识基础和良好的科学素养是必要的，而中国大学先修课正为这部分学生提供了弥补知识链的机会，实现了高中与大学知识的过渡。

（二）清华大学的大学先修课

为了促进教育公平、促进教育衔接，推动教育综合改革、推动教育技术变革，服务学生的全面素质发展、服务大学的人才选拔培养，清华大学联合其他高校及中学推出了中国慕课大学先修课（MOOCAP）。2015 年 11 月，中国慕课大学先修课（MOOCAP）启动仪式在清华大学举办。

1.挖掘学生发展潜力

大学先修课项目起源于美国，但是 MOOCAP 并不是美国大学先修课课程的国产化。国内推出的先修课程在梯度设置、考核方式、与大学招生衔接等方面都存在进步空间，MOOCAP 正是在这样的背景下顺势而为的新尝试，通过采

❶ 参见秦春华：中国大学先修课程的模式——答《中国科学报》记者的采访。

用多样化的人才培养模式，促进优秀个体的成长，广泛挖掘学生的发展潜力。

2. 建立大学与中学衔接新模式

与其他大学先修课项目不同，MOOCAP 利用互联网为大学和中学的协作和衔接提供了一个有效平台，充分发挥了大学和中学的人才培养的自主性。在平台建设和课程开发中，大学与中学双方能够更为深入地了解对方的理念和需求，最终开发完成的课程将能够有效融合双方的人才培养理念。MOOCAP 将原本两阶段的"中学教育"和"大学教育"转变为"贯通式"教育。

3. 实现教育资源共享

与 MOOC 相同，MOOCAP 最大化地发挥了在线教育的优点。MOOCAP 提供了一个优质教育资源的共享平台，MOOCAP 课程开发坚持"共建、共有、共享"的理念，加入理事会的大学和中学将共同开发和建设课程、使用课程、对课程进行评价反馈。这样，原来大学、中学各自为战的"领域教育""地域教育"将转变为"共享教育"。

4. 促进教育公平

MOOCAP 理事会没有设置特别的进入门槛，只要中学有意愿，都可以在 MOOCAP 官网下载申请表，申请成为会员。未来，随着理事会的扩大，成员单位将覆盖更多的经济欠发达地区中学。理事会也将积极推动经济发达地区的中学与欠发达地区中学在 MOOCAP 课程开发、建设和教学等方面的合作。来自边远地区的学生们可以有条件学习中国顶尖大学老师开设的课程。对经济欠发达地区的中学来说，基于 MOOCAP 完整课程体系的学习组织，在成本上低于聘请高水平教师，在效果上优于短期专家授课或讲座。对学生来说，学习 MOOCAP 课程没有门槛限制，只要学有余力，自己愿意，就可以注册学习，不再受实体课堂资源和人数的限制。因此，MOOCAP 项目有望在一定程度上推动教育的公平。

（三）中国教育学会的大学先修课

2014 年 3 月，中国教育学会针对目前我国高中教育和大学教育之间衔接存在断层，高中优秀人才缺乏多样、有效培养和选拔机制的现状，联合国内多所知名大学、一流高中及教育科研服务机构共同组织实施大学先修课程试点项目（CAP）。中国教育学会推出的大学先修课项目同样希望实现多重目标，具体如下。

1. 实现高中教育与高等教育的贯通

大学先修课课程肇始于美国，是针对当时美国大、中学之间教育衔接存在的断层问题而开设的课程。与美国一样，我国的高中和大学教育同样存在断层问题。中国教育学会希望通过建设有中国特色的大学先修课程，让学有余力的高中生尽早接触大学课程内容，接受大学思维方式、学习方法的训练，为他们今后在高校选学、开拓视野提供更多的机会和条件。

2. 为学生提供符合其能力的教育

中国教育学会秘书长、CAP 项目总协调人杨念鲁认为："我们目前面临的现实是很多高中在高三不讲课，基本是复习做作业，有一定比例的很优秀的学生这一年的时间基本是浪费掉了，这是一种人才的浪费，也是教育资源的浪费。"CAP 项目有望帮助这些孩子在临近高考的半年或一年内可以腾出时间学自己想学的东西，让学生真正享受到最符合其能力和兴趣水平的教育，从而发展学习和研究能力，帮助其为大学学习乃至未来的职业生涯做好准备，更好、更快成才。

3. 拔尖人才培养

CAP 项目并不是面向全体学生的一个教育项目，而是设定了一定的门槛。中国教育学会着力组建一支权威的专家队伍进行课程标准的研究开发，今后什么学校可以开这些课程，哪些学生可以选修，哪些老师可以教，都需要进行资质认可。从选课对象的角度看，CAP 项目面对的是学有余力的高中生，这些学生也是所在高中的佼佼者，因此，CAP 项目在某种程度上是一种精英教育。

4. 对招生录取方式的改革探索

对于"CAP 今后是否也会成为中国高校的招生参考依据"这一问题，中国教育学会秘书长、CAP 项目总协调人杨念鲁认为："目前中国教育学会已和国内多所知名高校进行沟通，这些学校的招生和教学管理部门对 CAP 项目非常关注，很愿意持续了解项目进展，甚至愿意在项目试点中予以帮助。如果项目的理念、方法和运行机制都能如期实现，我相信中国的高等院校都会认可这个项目。至于他们会在学生入学后认可其在高中阶段的已修学分还是将其作为自主招生中的录取依据，都将由高校来自主决定。"可以看出，中国教育学会认为随着 CAP 项目的发展，CAP 项目将得到中国高等院校的广泛认可，从而成为自主招生的录取依据之一，为我国高等院校选拔人才提供一个新的参考依据。

5. 规范我国大学先修课项目

中国教育学会秘书长杨念鲁认为，虽然近年来国内多所学校尝试开设了大学先修课程，但基本处于"无组织"状态，缺少在课程开发、授课教师、学习条件、成绩评定等方面的系统设计、组织和管理。中国教育学会作为一个面向全国的、有着 35 年学术传播经验的全国性社会组织，具有一定公信力，同时拥有丰富的专家和管理资源。CAP 项目由中国教育学会搭建平台，将可以吸纳更多的国内外优秀资源，这比一所学校、一个单位或一个区域的覆盖性、公正性、合理性、权威性都会更高。

总而言之，不管是北京大学的 AC，还是清华大学的 MOOCAP，抑或是中国教育学会的 CAP，都将"促进中学与大学教育衔接"视为项目的重要目标之一。

表 2-1 展示了三类机构开设课程的比较。可以看出，微积分课程是共同课程，此外北京大学和清华大学均开设了电磁学、大学化学课程，这些课程均属于理工科类课程，而三所学校均没有开设相同的人文社科类课程。而从开设的不同课程来看，清华大学没有开设文科课程，但理工科课程更加多样化。北京大学和中国教育学会则兼顾了理工科课程和人文社科类课程。

表 2-1 不同主体大学先修课的开设课程比较

开设主体	开设课程			
	相同课程		不同课程	
	理工科	人文社科	理工科	人文社科
北京大学	微积分、电磁学、大学化学	无	电路基础、计算概论、地球科学概论	中国古代文化、中国古代史

续表

开设主体	开设课程			
	相同课程		不同课程	
	理工科	人文社科	理工科	人文社科
清华大学	微积分、电磁学、大学化学	无	线性代数、植物和动物、力学、细胞和分子、线性代数、概率论与数理统计	无
中国教育学会	微积分	无	线性代数、概率统计、物理力学	通用学术英语、微观经济学、文学写作

三、中国大学先修课的合作模式

从大学先修课的合作高校来看，北京大学的合作高校有41所，其中30所为"985"重点建设院校，9所为"211工程"建设的重点院校（如表2-2所示）。清华大学的合作高校有7所，7所学校全部为国家"985工程"重点建设院校（如表2-3所示）。共同参与北京大学和清华大学的大学先修课课程的高校有6所，分别为清华大学、复旦大学、西安交通大学、哈尔滨工业大学、中国科学技术大学、中国人民大学，均为"985工程"重点建设院校。中国教育学会合作的15所高校全部为国家"985工程"重点建设院校（如表2-4所示）。

表2-2 北京大学大学先修课项目合作高校名单

985高校	北京大学、中国人民大学、清华大学、北京理工大学、北京师范大学、南开大学、天津大学、东北大学、北京航空航天大学、吉林大学、哈尔滨工业大学、复旦大学、上海交通大学、华东师范大学、东南大学、浙江大学、中国科学技术大学、厦门大学、山东大学、武汉大学、华中科技大学、中山大学、华南理工大学、四川大学、重庆大学、西安交通大学、西北工业大学、兰州大学、大连理工大学、同济大学
211高校	北京交通大学、北京科技大学、北京化工大学、北京邮电大学、北京林业大学、北京外国语大学、中国传媒大学、对外经济贸易大学、大连海事大学
其他	北京语言大学、中国科学院大学

表 2-3 清华大学大学先修课项目合作高校名单

985 高校	清华大学、中国人民大学、复旦大学、南京大学、哈尔滨工业大学、西安交通大学、中国科学技术大学

表 2-4 中国教育学会大学先修课项目合作高校名单

985 高校	中国农业大学、北京师范大学、南开大学、大连理工大学、吉林大学、哈尔滨工业大学、同济大学、南京大学、东南大学、浙江大学、山东大学、武汉大学、湖南大学、国防科学技术大学、电子技术大学

从合作高校的地区分布来看（如图 2-1 所示），两所高校在北京地区合作的高校数量最多，分别为 16 所和 2 所，北京大学合作高校较多的地区还有上海和辽宁。

（单位：所）

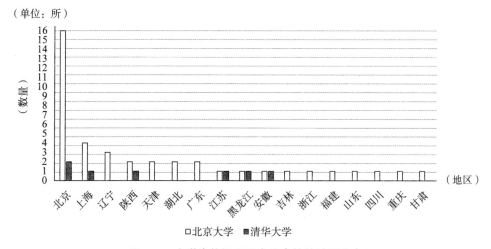

图 2-1 大学先修课项目合作高校的地区分布

图 2-2 呈现了大学先修课合作中学的地区分布情况。可以看出，清华大学的合作中学数量最多，达到 223 所，其次是北京大学的 197 所，中国教育学会的合作中学数量最少，共 103 所。从地区分布来看，山东、江苏、浙江、湖南、黑龙江、安徽、重庆和北京是合作中学最多的省份。

表 2-5 呈现了共同参与三所机构大学先修课项目的高中。可以看出，北京市的高中数量最多，共有 5 所学校参与了三所机构的大学先修课项目。其次是江苏、四川和陕西，各有 4 所学校。

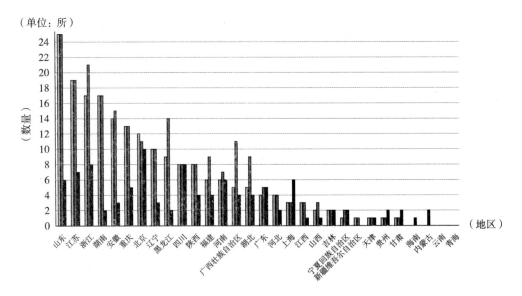

图 2-2　大学先修课合作中学的地区分布

表 2-5　共同参与三所机构大学先修课项目的高中

地区	数量（所）	中学名称	
北京	5	北京师范大学附属中学	中国人民大学附属中学
		北京市十一学校	北京师范大学第二附属中学
		北京大学附属中学	
江苏	4	江苏省锡山高级中学	南京师范大学附属中学
		江苏省天一中学	江苏省丹阳高级中学
四川	4	成都七中嘉祥外国语学校	四川省绵阳南山中学
		四川省南充高级中学	遂宁市安居育才中学校
陕西	4	西安市铁一中学	西安交通大学附属中学
		西北工业大学附属中学	西安高新第一中学
广东	2	华南师范大学附属中学	广州市天河外国语学校
广西	2	柳州高级中学	南宁市第二中学
河南	2	郑州外国语学校	河南大学附属中学
辽宁	2	辽宁省实验中学	大连市第二十四中学
山东	2	山东省昌邑市第一中学	山东省青岛第二中学

续表

地区	数量（所）	中学名称	
重庆	2	重庆市第八中学	重庆市巴蜀中学校
上海	2	复旦大学附属中学	华东师范大学第二附属中学
安徽	1	合肥市第一中学	
河北	1	河北衡水中学	
吉林	1	东北师范大学附属中学	
天津	1	天津市耀华中学	
浙江	1	浙江省温州中学	
合计		36	

四、中国大学先修课的政策工具与选择逻辑

（一）政策工具的概念与应用

政策工具是政府赖以推行公共政策的手段，也是政府在部署和实施政策时实际运用的方法和手段。❶政策工具通过把政府的资源（资金、规则及权威）带入到为政治目标的服务中来发挥作用，并通过这些资源影响个人和组织的行为。❷可以说，政策工具是政府通过影响政策对象的行为以实现政策目标的手段，选择不同类型的政策工具具有其自身的逻辑。

1987年，麦克唐奈（McDonnell）和埃尔莫尔（Elmore）综合考虑处理一个问题的现有方案、方案背后的理论前提、想要达到的目标等与具体问题之间的适切度，提出命令、激励、能力建设和系统变革四种政策工具。❸施奈德（Schnelder）和英格拉姆（Ingram）则将关注点放在"公共政策"本身的性质上，认为政策的意图是影响社会，期待政策对象决定并采取与政策目标一致的行为，最终达到

❶ 迈克尔·豪利特、M·拉米什.公共政策研究：政策循环与政策子系统[M].庞诗，等，译.北京：生活·读书·新知三联书店，2006:141.

❷ 陈学飞.教育政策研究基础[M].北京：人民教育出版社，2011:318, 321-323, 325, 323-324, 321-330, 321-333, 321-327, 321-335.

❸ McDonnell, Lorraine M, Elmore, et al. Getting the Job Done: Alternative Policy Instruments [J]. Educational Evaluation and Policy Analysis.1987, 9(2): 133-152.

政策目标，并根据这个基本假定，将教育政策工具分为权威工具、激励工具、能力工具、象征与劝诫工具和学习工具五类。❶陈学飞在上述两种观点的基础上，进一步提出更加符合我国教育现状的政策工具分类：权威工具、激励工具、象征与劝诫工具、能力建设工具、系统变革工具和学习工具六种类型。❷

政策工具理论被广泛用于研究现实世界的公共政策，通过分析政策目标与措施，研究采取的政策工具类型、选择政策工具的内在逻辑及政策工具的实施效果，提出完善公共政策的建议。近年来，政策工具理论也常常被用于对教育政策的研究，如城市流动人口子女就学政策❸，少数民族双语教育政策❹，改革开放以来我国高等教育政策❺，学前教育政策❻❼，教师政策❽，大学生创业政策❾，等等。本书将使用政策工具分析中国大学先修课。尽管大学先修课并非中央或地方政府制定的政策，而是由大学和学会组织制定的政策，但是这一政策仍体现了公共政策的基本属性，并在重点大学和重点中学中产生了广泛的回应和影响，因此，使用政策工具进行分析具有一定的适用性。

（二）政策工具类型与选择逻辑

1. 激励工具

激励工具指给予个人和机构切实的回报来诱导与鼓励其遵从于实施政策的工具，它假定个体追求效用最大化，如果得到一定的回报（包括正向或负向的

---

❶ Schneider, Anne, Ingram, et al.Behavioral Assumptions of Policy Tools [J]. The Journal of Politics.1990, 52(2): 510–529.

❷ 陈学飞 . 教育政策研究基础 [M]. 北京：人民教育出版社，2011:318, 321–323, 325, 323–324, 321–330, 321–333, 321–327, 321–335.

❸ 侯华伟，林小英 . 教育政策工具类型与政府的选择 [J]. 教育学术月刊，2010，(4):3–14.

❹ 黄萃，赵培强，苏竣 . 基于政策工具视角的我国少数民族双语教育政策文本量化研究 [J]. 清华大学教育研究，2015:88–95.

❺ 吴山文 . 改革开放以来我国高等教育政策工具的演变分析 [J]. 高等教育研究，2011:8–14.

❻ 吕武 . 我国当前学前教育政策工具选择偏向及其影响——基于《国家长中期教育改革和发展规划纲要（2010—2020）》以来的主要政策文本的分析 [J]. 教育科学，2016, 32(1):77–81.

❼ 袁秋红 . 改革开放以来我国学前教育事业发展的政策工具分析 [J]. 现代教育管理，2017，(5):75–80.

❽ 李廷洲，焦楠，陆莎 . "十二五"期间我国教师政策计量分析与前瞻——基于政策工具视角的文本计量研究 [J]. 中国教育学刊，2016，(9):36–41.

❾ 唐素雯 . 我国大学生创业政策运用策略分析——基于政策工具的视角 [J]. 盐城工学院学报：社会科学版 . 2017，30(1):91–94.

回报），个体会积极地采取与政策相关的行动。❶ 采用激励工具的最佳环境是存在大量潜在的愿意执行政策的个人或机构，同时缺少资源来执行这些政策。当运用命令等方面遇到困难时，激励是一种较为理想的政策工具。❷

在大学先修课启动初期，激励工具是最核心的政策工具。尽管没有明确的文件，但是两校在面向中学、教师和学生进行宣传推广的过程中都明确提出，大学先修课测评报告将作为自主招生录取申请材料中的加分因素，先修课考试成绩为 A 档以上（含 A 档）的考生，在同等条件下可能优先获得北京大学自主招生选拔考试的资格。此外，主办方还会将成绩优异的学生信息发送给 41 所理事成员单位，作为合作高校自主招生选拔学生时的参考依据。

大学先修课之所以从激励工具入手，主要因为作为政策制定者的大学与政策的目标对象（中学、教师和学生）之间不是"领导者—服从者"的关系，政策制定者不能命令政策对象采取相关行动，而是要用切实的利益来吸引政策对象。政策制定者通过构建大学先修课与大学招生的联系，激励高中开设、教师参与、学生学习先修课的热情，并通过扩充认可先修课成绩的大学数量，扩大影响范围。

然而，激励工具在先修课运行三年后"夭折"。为了进一步健全自主招生制度、严格程序、约束权力、加强监督，2016 年教育部出台了《教育部关于进一步加强高校自主招生信息公开和监督管理工作的意见》，明确禁止将参与大学组织的先修课程作为自主招生的前提条件或者与自主招生考核工作挂钩。这一制度的出台使得那些寄希望于通过先修课获得自主招生机会的学生及其家长参与积极性下降，激励工具在先修课政策中的作用大为降低。

2. 权威工具

权威工具指政府通过自己的合法权威支配个人和机构行为的规则，合法权威包括许可、禁止或要求在特定环境下的行动。权威工具假定代理机构和目标群体会无条件地执行与采用政策，不需要切实的回报，政府与代理机构、目标

---

❶ 陈学飞 . 教育政策研究基础 [M]. 北京：人民教育出版社，2011:318, 321–323, 325, 323–324, 321–330, 321–333, 321–327, 321–335.

❷ 弗朗西斯·福勒 . 教育政策学导论（第二版）[M]. 许庆豫，译 . 南京：江苏教育出版社，2007：231–232.

群体之间是领导者与跟从者之间的关系。❶

大学先修课的开办主体——大学对中学并没有行政权威，主办方与高中、其他高校之间不存在明确的上下级关系，没有权力要求高中开设先修课，也无法强迫其他高校认可先修课成绩，因此，不是严格意义上的"领导者—服从者"之间的关系。先修课的权威工具主要体现在主办方的学术权威和质量权威。北京大学和清华大学作为全国顶尖高校，在中学、学生及家长中的学术和质量权威毋庸置疑。在此作用下，大学先修课一诞生即"自带光环"，与其建立关系也就意味着被贴上了"质量保证"的标签。

3. 能力建设工具

能力建设工具为个体与机构提供必要的信息、培训、教育和资源来帮助其获得采取决策行为的能力，它假定政策对象是因为缺少必要的信息、技术或其他的资源，从而难以对政策做出适当的反应。❷

在中国大学先修课政策中，能力建设工具的使用主要体现在面向高中教师提供培训，面向学生提供教材、在线课程等方式，以提高中学教师的授课能力，并为中学生的学习提供支持。北京大学的大学先修课自2013年启动以来，共组织7次中学教师培训，由大学教师向中学教师介绍大学先修课的教学理念、方法、内容。2016年教师培训进一步划分为初级培训和高级研修两类，初级培训主要面向没有先修课授课经验的教师，而高级课程主要面向已有先修课授课经验且所教学生取得优异成绩的教师。通过教师培训，大学教师和中学教师一起探索大学先修课的教学思路与方法。

由于大学先修课培训仅面向合作中学的教师，这些合作中学往往是各地的重点中学，师资力量雄厚、教育质量较高。而那些非合作中学的学生虽然可以报名参加先修课考试，但其所在中学没有开设先修课课程，教师也没有机会参加先修课培训。为了增加大学先修课的受众范围，平衡不同地区与学校的资源分配，提高先修课的教学效果，北大和清华相继开设了大规模在线课程，例如，

---

❶ 陈学飞. 教育政策研究基础 [M]. 北京：人民教育出版社，2011:318, 321–323, 325, 323–324, 321–330, 321–333, 321–327, 321–335.
❷ 陈学飞. 教育政策研究基础 [M]. 北京：人民教育出版社，2011:318, 321–323, 325, 323–324, 321–330, 321–333, 321–327, 321–335.

清华大学在其在线教育平台"学堂在线"上开设了8门大学先修课课程。

4. 系统变革工具

系统变革工具是将政府权威向个人与机构进行转移，以提高效率或改变政治权力的分配。它假定在现有的工作机制中政府不能实现政策所期待的效果，需要通过组织结构的变化进行激励与改变。[1]

大学先修课政策中运用系统变革工具主要体现在大学希望借助先修课进一步扩大招生自主权，这种招生自主权不仅体现在高校可以自主决定先修课成绩在自主招生中所占的比例，更重要的是，先修课的教学过程本身就是在输送大学的理念、培养符合大学标准的学生。

在先修课教学中，作为主办方的大学可以自主选择开设哪些先修课课程，讲授哪些课程内容，采用何种教学方式。北大与清华两校的学科布局和优势学科有所不同，因此，所开设的先修课科目也有所不同。北大开设的课程有微积分、电磁学、大学化学、中国古代文化、中国通史（古代部分）、地球科学概论、电路基础与计算概论8门课程，清华大学开设的课程有微积分、线性代数、概论统计、文学写作、通用学术英语、物理力学、微观经济学、宏观经济学8门课程。可以看出，北大与清华的先修课体系除微积分外没有相同课程。在授课内容方面，大学先修课更接近于大学的课程内容和难度，而有别于竞赛和高考。在授课方式方面，很多课程都突破了传统以教师讲授为主的形式，有52.6%的学生表示"讲授的同时加入了大量的讨论"。可以说，大学先修课是通过课程和考试，针对大学的需求来培养和选拔适合的学生。

可以看出，系统变革工具既是主办方推行先修课课程的方式，也是大学先修课政策的重要目标。通过先修课考试，大学自主设置人才选拔标准，扩大招生自主权。

5. 象征和劝诫工具

象征和劝诫工具是指通过宣传一定的价值观念与文化观念来促使政策对象采取与政策相关的行动，它假定人们采取行为的动机和决定是基于他们的信念

---

[1] 陈学飞. 教育政策研究基础 [M]. 北京：人民教育出版社，2011:318, 321–323, 325, 323–324, 321–330, 321–333, 321–327, 321–335.

和价值，个体关于正确、错误、公正、个人主义、平等、义务等文化观念会带入到决策情境，最终决定其是否接受政策。❶

中国大学先修课希望突破高中应试教育和"一考定终身"的局限，从加强高中与大学教育衔接的角度，对大学人才选拔方式进行创新与完善，并将大学教育理念渗透到高中教学理念和教学方式的变革中，这既符合我国教育改革的发展方向，也代表了大学、中学、教师与学生对大学多元评价与选拔的价值认同，因此，是吸引各方积极参与的动力之一。

在先修课政策中，象征与劝诫工具主要用于先修课的宣传，其发挥作用的先决条件是目标群体接受政策所宣传的意义。大学先修课在其文本宣传中强调，先修课的课程内容与授课方式都有别于传统的高中课堂，会更加注重对学生的自学能力、创新能力、逻辑分析能力的培养。先修课致力于在高中与大学之间建立起衔接的桥梁，帮助学有余力的中学生尽早接触大学的课程内容，接受大学学习方法与思维模式的训练，为今后步入大学学习奠定良好的基础。同时，拓宽人才选拔方式，注重对学科兴趣、学习能力、研究潜力等方面的全面考察。可以说，大学先修课是大学积极拓宽招生渠道的重要方式，体现了其对扩大招生自主权的期待。

6. 学习工具

学习工具是通过提升目标群体的学习能力使其可以从其他政策工具中进行有效的选择，是一种过程性的政策工具。政府使用学习工具使得目标群体与机构具有宽广的判断力，使其可以实验性地采用不同的政策途径，最终进行适当的选择。❷

在先修课政策中，学习工具主要作用于高中，主办方假定高中会根据自身的实际情况采用最为合适的方式来激励教师和学生的参与。高中通过对自身情况的判断来试验性地选择不同的政策工具，最终采用最为合适的工具促进先修课政策的推行。

---

❶ 陈学飞. 教育政策研究基础 [M]. 北京：人民教育出版社，2011:318, 321–323, 325, 323–324, 321–330, 321–333, 321–327, 321–335.

❷ 陈学飞. 教育政策研究基础 [M]. 北京：人民教育出版社，2011:318, 321–323, 325, 323–324, 321–330, 321–333, 321–327, 321–335.

在政策实施过程中，中学采用不同的政策工具来推动先修课的开设。例如，中学宣传北大先修课的学术权威，吸引学生报名参加先修课课程的学习，这是权威工具；强调先修课课程成绩对北大自主招生的正面作用，鼓励学生参与先修课的学习与考试，这是激励工具；宣传先修课是高等教育与中等教育之间的衔接，培养学生的全面素质等，以吸引学生自愿参与到先修课课程学习中，这是象征与劝诫工具；使学生得到有关先修课的全面信息，开设高质量的先修课课程，促进学生参与课程和考试的积极性，这属于能力建设工具。

同时，中学也采用适当的政策工具促使教师有热情、有能力参与先修课一线教学。例如，通过权威工具直接分配教师负责相关课程的教学；通过激励工具规定先修课教学成果、学生成绩与教师的薪资、荣誉紧密挂钩；通过象征与劝诫工具宣传先修课对学生发展、教育发展的重要性，鼓励教师自愿参与；采用能力建设工具选派教师去北大接受培训使其有能力开设高质量的先修课。

五、中国大学先修课政策工具的效果及调整

（一）政策工具的总体实施效果

中国大学先修课经过多年的发展，规模迅速壮大。以北京大学为例，截至2016 年 5 月，全国已经有 226 所中学参与了大学先修课，共组织 6 次全国考试和 7 次教师培训，参与学生的人数达到 14000 多人次。中国教育学会自 2014 年9 月起在全国 65 所高中试点，到 2017 年春季试点学校增加到 112 所，选课总人数超过万人，考试人次达到 5000 多人次。

大学先修课的快速发展与其政策工具的使用密不可分。大学先修课作为一种新生事物，需要借助恰当的政策工具才能实现其政策目标。在先修课政策执行过程中，使用了上述 6 种工具，但其影响的政策对象与作用方式是不同的，不同类型工具在先修课政策执行过程中的应用程度与起到的作用也是不同的。

激励工具在其中发挥了最为直接和有效的作用。对参加 2016 年北京大学先修课考试的 1620 名中学生调查发现，77.7% 的学生表示自己参加大学先修课

的原因是"获得自主招生机会"，43.3% 的学生认为"在先修课取得高分对自己非常重要"。一位参加微积分考试的江苏考生在访谈中（访谈编号：NJWJF01）提到，"我知道它跟自招有关系，A 和 A+ 自主招生优先考虑，去年参加中国古代文化考试就有些功利性。"一位参加计算概论考试的安徽考生（访谈编号：AHJSGLT2）认为，"中学鼓励学生参加先修课考试主要是为了获得自主招生的名额，增加学校北大录取率，学校希望看到的是最直接的效果。"另一位安徽考生（访谈编号：AHJSGLT1）认为，"如果学校派出的考生先修课成绩不理想，先修课考试对自主招生不能带来明确的优惠政策效果，学校会降低对先修课的重视程度，甚至不会开设先修课。"

权威工具的使用进一步促进了中学、教师以及学生的参与积极性。中学能够成为大学先修课的合作学校，象征着中学在教育质量方面被国内顶尖大学认可，被挂牌为"大学先修课的合作学校"也有助于提升其在"初升高"招生中的优势。被选拔参加大学先修课培训的中学教师多是中学的业务骨干，一些受访教师表示，"能够被选派参加培训既代表了校方对教师的认可，也是教师的一种福利"。中学生认为能在北京大学、清华大学组织的大学先修课考试中取得优异成绩，即便最终无法获得两校自主招生的机会，也是对自身能力的一种认可。此外，对其他高校来说，北京大学或清华大学组织的先修课具有一定的权威性，先修课成绩可以反映出参与学生的学习能力，这些学校也可以将其作为招生录取的参考指标之一。

象征与劝诫工具的使用也在一定范围内改变了高中课程的传统教育内容与方式，先修课普遍被纳入各校的选修课体系。例如，山东省实验中学的一位考生（访谈编号：SDDXHX01）提到，"开设先修课之前，学校专门组织了一个全面介绍先修课的讲座，讲座中并未提及先修课对学生及学校的实际收益，而是对教育理念的介绍……先修课讲座是全面的介绍，对效果并没有提到很多，好像这个课也没有给学校什么承诺，（只是）给学校一个教育理念，一个发展空间，学校特别推广这种教育理念。"

系统变革工具的使用反映出主办方希望通过制定自己的标准来增加招生自主权的愿望，并取得了一定的成效。一位受访学生（访谈编号：SDDXHX01）

提出，大学先修课考试主要考察了以下几种能力：记忆能力、阅读能力、分析与归纳能力、融会贯通能力、表达能力。比如，分析与归纳能力主要指快速处理给定的资料，归纳并总结规律进而提出自己观点的能力，"应该是一种考察你对信息的理解，因为都是一些非常新的知识，我原来在课本上没有见过这些知识，就是对这些知识的提炼。"还有学生（访谈编号：NJZGTS01）认为，总体来说先修课是在考察一个学生是否具备成为专业研究人才的潜力，"开这门课考试，就像教授自己说的一样，目的就是有学术、研究潜力的人。"

此外，能力建设工具的使用增加了先修课的影响范围、教师的教学能力以及先修课的授课效果。中学教师和中学生可以在线观看教学视频，并实现师生线上互动。南京一位学习中国通史的学生在访谈中（访谈编号：NJZGTS01）提到，"教师以前主要靠自己摸索先修课的教学内容与方式，有了在线课程之后老师的教学负担就小多了。"而学习工具主张充分发挥高中在先修课政策实施中的主体性作用，促进先修课政策在不同高中因时制宜、因地制宜地具体实施，调动高中的积极性与创造性，促进政策真正落到实地。

（二）政策工具的调整与优化

在先修课所使用的政策工具中，激励工具是最为重要的工具，且在政策实施初期是最有效的政策工具，发挥了重要的号召和影响作用。2016年，教育部明文禁止将大学组织的先修课程、夏令营、冬令营等活动作为自主招生的前提条件，或者与自主招生考核工作挂钩。规定一出台，先修课主办方就无法再将先修课与高考招生的联系作为激励工具继续推行。当激励工具的作用降低，主办方就需要加强其他工具的实施力度以保证中学和学生的参与积极性。

对能力建设工具的加强是政策制定方对政策工具的最先调整，即加强对中学教师的培训与学生的培养。2017年，清华大学与中国教育学会都开设了线上教师培训。中国教育学会还扩大了培训范围，无论是试点学校还是非试点学校的教师都可以报名参加。清华大学则同时开设线上与线下教师工作坊，教师在自学线上课程后，再集中进行线下培训。同时，清华大学逐渐开设了更多的线上课程，鼓励学生利用寒假时间学习先修课。中国教育学会还加强了学习工具的使用，在 2017 年开展了"中国开设大学先修课程的理论与实践研究"课题，开办先修课项目研讨会，促进大学与中学的交流，以及中学之间的经验分享。

与此同时，其他形式的工具也在不断地试行。比如，中国教育学会项目管理委员会于 2017 年在全国 112 所试点学校中评选 10 所左右的试点学校作为首批 CAP 示范基地，对相关学校进行表彰与鼓励，以此激励高中参与先修课项目，并积极提高项目质量。利用象征与劝诫工具，宣传先修课的理念促进大学与高中的衔接，培养学生兴趣和创新能力，实现人才多元选拔，符合目前高中教育的发展趋势。如果政策对象可以接受与认可先修课的教育理念，那么，不需要相应的物质激励就会主动地采取有利于政策推行的行动。可见，在制度环境发生变化后，其他政策工具的力度正在逐渐加强。

在实践中，政策工具常常是交织综合在一起运用的。一项政策目标可以使用多种政策工具，而一种政策工具也可以用于完成多种政策目标。在选择政策工具时要综合考虑以下几种因素：第一，政策目标的特点；第二，政策工具本身的特点，因为每种政策工具都有其特征、适用范围及优劣；第三，手段与目标的适切程度。❶政策制定者面临的一个首要问题是政策工具对于试图强调的问题类型是否是最为适合的，而这种"适合"应当成为课程政策研究的基本问题。同时，要综合运用政策工具以取得政策效果的最大化，而这还取决于多种政策工具的协商一致程度。这就要求所有政策工具都必须用来服务于实现同样的政策目标，发挥各个政策工具的特长，让它们相互补充、相互强化，否则就会出现相互混杂、相互弱化的局面。

---

❶ 黄忠敬. 教育政策工具的分类与选择策略 [J]. 国家教育行政学院学报，2008(8):47-51.

第三章

中国大学先修课与中学生学科兴趣

兴趣是学习动机中最现实、最活跃的成分。学习兴趣具有指向性，往往表现为具体的学科兴趣，因而研究学习兴趣通常是从学科兴趣着手。❶ 总体来看，国内关于中学生学科兴趣的研究主要分为三类。

第一类侧重于对学科兴趣现状的调查。有研究发现，绝大多数学生在初三对化学产生兴趣，相当部分的学生在高一和高三对化学产生兴趣，高二成为一个低谷。❷ 还有研究发现，中学生对物理的直觉兴趣最浓，操作兴趣次之，因果兴趣第三，理论兴趣最弱；随着年级的升高，直觉兴趣在逐渐下降，因果兴趣和理论兴趣在逐渐上升。❸

第二类侧重于研究影响中学生学科兴趣的因素，但目前并未得出一致的结论。有研究发现，学科本身的吸引力左右着大部分学生的兴趣，而"老师水平高，上课有趣，认真负责"和"老师关心、重视、表扬我，对我好"对学生学科兴趣的影响程度则因人而异。❹ 还有研究发现高中生对某学科感兴趣的主要原因是"课程重要性"。❺ 心理学角度的研究发现，通过记忆或简单理解就能获取

---

❶ 周风，黄孔辰，赵保纬. 探索中学生学科兴趣——部分中学生学科兴趣调查报告 [J]. 教育科研情况交流，1983(1):9–14.

❷ 张应红. 中学生化学学习兴趣的调查与对策研究 [D]. 昆明：云南师范大学，2006.

❸ 吉世印，魏明，骆远征. 贵州省中学生物理学习兴趣调查分析与研究 [J]. 贵州教育学院学报，2008(1):6–9.

❹ 张寿松，谢廷平. 关于高考生学科兴趣的调查研究 [J]. 交通高教研究，2004(6):49–54.

❺ 金光电. 高中学生学科兴趣及其归因倾向调查报告 [J]. 教学与管理，1998(4):26–27.

单个知识点并不会促进学科兴趣，只有通过深入理解而掌握各知识点之间的内在联系才能促进学科兴趣。❶

第三类侧重于如何培养学生的学科兴趣。有学者认为课堂教学要创设问题情境，发挥学生主体作用。❷ 有学者认为，要不断丰富教材内容，引导学生课外阅读，教师还应在改进教学方法和教学手段上下工夫，开展启发式、讨论式、发现式等教学方式 ❸，还有学者提出通过建立良好的师生关系、让学生体验成功来培养学生的学科兴趣。❹

大学先修课是在中学开设的大学层次的课程，与中学课程既有区别又有联系。随着中国大学先修课的兴起，探讨大学先修课理念的研究日益增多。有学者提出，开设中国大学先修课程是适应教育国际化的需要 ❺，能够培养学生的发展潜力，为学生提供多样化的、可供选择的课程，是高中学校凸显特色、迈向多样化发展之路的重要途径，也是沟通大学教育和高中教育的最佳途径。❻ 也有学者认为，在当前条件下开设中国大学先修课程将面临一系列困境，如先修课"促进学生个性化发展"的目标与"注重全面发展"的教育体系间的困境，提高教育质量和追求教育平等间的困境，资源不足和学习浪费间的矛盾。❼ 中国大学先修课的课程体系尚未成形，高中与大学在中国大学先修课的推进中权责不明确，大学之间对大学先修课的标准及学分认证机制未达成共识。❽

随着越来越多的大学和中学加入大学先修课，一些研究开始探讨项目实施效果。例如，对南京市试点学校电磁学课程的研究发现，高中生选择电磁学课程的主要原因是对物理感兴趣，修读大学先修课可以促进对电磁学知识的理解

---

❶ 章凯，李滨予，张必隐. 学科学习中的兴趣与先前知识 [J]. 教育研究与实验，2000(6):28-30,72.

❷ 孙永明. 浅谈化学学科的兴趣教学 [J]. 辽宁教育行政学院学报，2006(8):101.

❸ 王远康. 生物学科学习兴趣形成及培养方法探讨 [J]. 重庆师范学院学报（自然科学版），2001(2):89-91.

❹ 刘翠萍. 浅谈学生学科兴趣的培养 [J]. 宁夏师范学院学报，2007(5):129.

❺ 贾洪芳. 中国开设大学先修课程的实践及问题 [J]. 当代教育科学，2014(19):27-30.

❻ 杨明全. 大学先修课程与我国高中课程改革 [J]. 教育学报，2014(4):49-55.

❼ 罗祖兵，陈方. 高中开设大学先修课程的困境与对策 [J]. 课程·教材·教法，2014(9):97-102.

❽ 刘永贵，孟夏. 大学先修课慕课（MOOCAP）：我国大学与高中教育衔接的新方式 [J]. 远程教育杂志，2016(3):15-23.

与巩固，为进入大学学习打好扎实的基础。❶另一项对浙江、河南和广西三省六所中学的研究也发现，近六成学生是出于对课程感兴趣而参加大学先修课，希望在此领域进一步学习和探究。从实施效果看，大学先修课能够开拓学术视野，使学生对学术研究和探索具有初步认识，从中学阶段被动接受的学习方式和学习思维提高到大学阶段的自主学习和创新的思维方式，激发学习潜力和兴趣。❷那么，全国调研的结果如何呢？

一、学生对大学先修课的期待

超过 85% 的学生认为中学开设大学先修课的目的是为有兴趣的学生提供学习机会，为学有余力的学生提供学习机会；70% ~ 80% 的学生认为大学先修课能帮助学生获得自主招生的机会，帮助学生了解大学课程学习。而对于大学先修课是否能够帮助学生提高高考成绩及获得大学免修学分，学生们的意见并不统一。两次调研的总体情况相差不大。

在质性访谈中，被访谈学生面对"你认为中国大学先修课项目的目的是什么"这一问题时，提到了"有兴趣、特长的学生可以提前修大学学分，可以开拓视野"（访谈编号：AHZGGGDWHS1），"大学为了更好的选拔人才"（访谈编号：JSDXHX01），"提前学习大学课程"（访谈编号：SDDXHX01）。结合定量和质性研究可以看出，学生所理解的大学先修课的开设目的比较多元，为有兴趣和学有余力的学生提供学习机会是其非常重要的目标。

绝大多数学生都认为，大学先修课可以为有兴趣的学生提供学习机会，那么学生自己参加先修课的原因是什么呢？由表 3-1 可以看出，超过八成的学生都认为参与大学先修课的重要原因是兴趣，七成以上的学生希望通过大学先修课获得自主招生机会和了解大学课程，超过六成的学生是因为学有余力所以参加大学先修课。将提高高考成绩、获得高中选修课学分和进入大学后免修该门

❶ 顾健，陆建隆. 北京大学"先修课程"实施现状的调查研究——基于南京市试点学校的调查数据 [J]. 上海教育科研，2015(6):9-12.

❷ 赵娟. CAP 课程的实施：现状、问题与对策研究 [D]. 湘潭：湖南科技大学，2016.

课程作为原因的学生约占两成到四成。超过一半的学生出于自愿参与大学先修课，而不是老师要求、建议或者受周围同学的影响。可以看出，大学先修课的确能够选拔出那些对学科感兴趣的学生。

表 3-1 学生对中学开设大学先修课目的的评价

中学开设大学先修课的目的	2016 年 4 月			2016 年 10 月		
	同意	不确定	不同意	同意	不确定	不同意
为有兴趣的学生提供学习机会	86.2%	8.2%	5.6%	86.9%	8.4%	4.7%
为学有余力的学生提供学习机会	86.2%	8.2%	5.6%	87.3%	8.1%	4.6%
帮助学生获得自主招生的机会	78.6%	14.6%	6.9%	80.8%	13.4%	5.7%
帮助学生了解大学课程学习	73.6%	17.1%	9.4%	73.2%	16.7%	10.1%
帮助学生提高高考成绩	35.9%	28.8%	35.3%	43.0%	28.2%	28.8%
帮助学生获得大学免修学分	33.0%	33.8%	33.0%	38.7%	27.6%	33.7%

被访谈学生的回答与问卷调查的结果基本类似。例如，某位学习微积分大学先修课的同学（访谈编号：JSWJF02）提出，"我去年中国古代文化已经拿了A，参加微积分就完全出于兴趣。"也有同学（访谈编号：SDDXHX01）认为，参加大学先修课"与希望竞赛保送没有太大关系，还是凭兴趣学吧。"还有同学（访谈编号：SDZGTS05）对此做出解释，"无论是自招也好或者说是高考也好，没有很大的概念。因为我个人而言，如果是没有兴趣的话，我学不下去。因为很多时候你抱着一个很功利的目的去接近什么事，你做不好一件事，就是这样想的。"由于大学先修课项目开设了多种科目，因此，课题组还对学生是如何选择先修课科目的进行了访谈，被访谈学生提到最多的词语就是"感兴趣"（访谈编号：JSZGTS01）、"个人爱好"（访谈编号：JSDXHX01）。学生参与大学先修课项目原因如表 3-2 所示。

表 3-2 学生参与大学先修课项目的原因

参与大学先修课的原因	2016 年 4 月			2016 年 10 月		
	同意	不确定	不同意	同意	不确定	不同意
兴趣	83.1%	11.7%	5.2%	84.6%	11%	4.4%

续表

参与大学先修课的原因	2016 年 4 月			2016 年 10 月		
	同意	不确定	不同意	同意	不确定	不同意
获得自主招生的机会	77.7%	15.1%	7.2%	75.3%	17.3%	7.4%
了解大学课程学习	71.3%	15.7%	12.9%	74.5%	15.7%	9.7%
学有余力	61.2%	25.9%	12.9%	61.3%	28.4%	10.3%
提高高考成绩	43.9%	23.1%	33.0%	39.9%	28.0%	32.0%
获得高中选修课学分	33.1%	21.6%	45.3%	34.2%	22.0%	43.9%
进入大学后免修该门课程	23.8%	23.8%	52.3%	27.2%	24.2%	48.5%
老师要求或建议我参加	23.6%	24.1%	52.3%	23.6%	24.1%	52.9%
周围同学参加，我受到影响	16.0%	19.6%	64.4%	18.9%	20.0%	61.0%

　　大学先修课为何能够吸引和选拔具有学科兴趣的学生呢？从制度的角度看，大学先修课成绩与自主招生间始终存在着一种弱联系或者是软挂钩的关系，尤其是 2016 年出台了《教育部关于进一步加强高校自主招生信息公开和监督管理工作的意见》，严禁将参与大学组织的先修课程、夏令营、冬令营等活动作为自主招生的前提条件或者与自主招生考核工作挂钩，大学先修课与大学招生之间的联系进一步削弱。加之大学尚未出台大学先修课的配套措施，如先修课与大学课程之间的联系、先修课与进入大学后抵免学分之间的关系等。在这一制度背景下，修读大学先修课的功利性目的被进一步降低，兴趣成为学生参加大学先修课项目的最主要原因之一。此外，由于大学先修课相比竞赛而言选拔门槛较低，尤其是在大多数学校先修课是以中学选修课的形式存在，因此即便那些成绩不是名列前茅的学生也有机会修读他们感兴趣的科目。正是由于这些制度上的特点使得大学先修课本身可以吸引和选拔具有学科兴趣的学生。

二、学生和教师的评价

　　不管是对高中生还是对已经被大学录取的准大学生的调查结果均显示，八成以上学生都认为大学先修课有助于培养学科兴趣，并满足了自己对学科的好奇心和求知欲，这说明至少从短期来看，大学先修课对学科兴趣具有积极影响。大学先修课也可能具有一定的长期效果，六成以上的学生都认为学习大学先修课坚定了自己进入大学后学习相关学科的决心。如果说正在高中就读的学生对大学专业的倾向仅仅停留于意愿，那么已经被大学录取的学生中仍然有 65% 的学生认为大学先修课"坚定了自己在大学学习相关学科的决心"，这说明大学先修课对学生专业选择行为产生了实际影响。学生对大学先修课项目效果评价如表 3-3 所示。

表 3-3　学生对大学先修课项目效果的评价

调研时间	评价	有助于培养学科兴趣	满足我对学科的好奇心和求知欲	坚定我进入大学后学习相关学科的决心
2016 年 4 月	同意	85.8%	85.3%	63.0%
	不确定	8.5%	9.0%	21.0%
	不同意	5.6%	5.6%	16.1%
2016 年 10 月	同意	98.5%	97.5%	64.9%
	不同意	1.5%	2.5%	35.1%
2016 年 7—9 月（已被大学录取的学生）	同意	88.3%	86.9%	65.2%
	不确定	8.2%	9.5%	20.9%
	不同意	3.5%	3.7%	13.9%

从教师的反馈来看，所有教师都认为大学先修课有助于培养学生的学科兴趣，97.1% 的教师认为大学先修课能够满足学生对学科的好奇心和求知欲，73.5% 的教师认为大学先修课能够坚定学生进入大学后学习相关学科的决心。可见，从课程的实施者——教师的角度来看，中国大学先修课项目对于学生学科兴趣的培养起到了积极的作用。教师对大学先修课项目评价如表 3-4 所示。

表 3-4　教师对大学先修课项目效果的评价

调研时间	评价	有助于培养学生的学科兴趣	满足学生对学科的好奇心和求知欲	坚定学生进入大学后学习相关学科的决心
2016 年 5 月	同意	100.0%	97.1%	73.5%
	不确定	0.0%	2.9%	23.5%
	不同意	0.0%	0.0%	2.9%

中国大学先修课对学生学科兴趣的培养机制可以从两个方面进行分析：课程内容和授课形式。在课程内容方面，大部分学生认为大学先修课所传授的知识开放有趣。尽管课程具有一定难度，但是学生在学习的过程中能转变过去对于知识的认知，课程传授的知识内容能够激发学生的学习欲望。有被访谈学生（访谈编号：BSDFZ02）提到："选择大学先修课程带给了我坎坷与困难。每每遇到这些，我不是没有想过放弃，也产生过畏难情绪，但每次先修课程开始前又不甘心就这样半途而废，索性心一横选择走进教室坚持听完课，但每一次的课程都会激发起我对老师所介绍的内容的兴趣与学习欲望，心里说真是没有白来！"

一些既修读大学先修课又参加学科竞赛的学生认为，大学先修课的知识更灵活、开放、有趣味，而竞赛的内容则充满了功利性和套路感。一位被访学生（访谈编号：JSDXHX01）提到："我个人不太喜欢竞赛，我觉得竞赛是比较功利性的，但我对先修课程的喜爱比竞赛多一点。我觉得先修课程东西比较开放，就是兴趣比较强。竞赛的题目，有规定的套路。我觉得（先修课）都是比较开放的题，就是跟竞赛不一样。"此外，大学先修课侧重对学科本质的深层次理解，改变高中阶段学生对于学科的认知，也是培养学生学科兴趣的重要原因。有被访谈学生（访谈编号：BSDFZ02）提到"（通过学习大学先修课）我逐渐认识到，史实作为历史学科的基础固然重要，但更重要的是通过对已有史实的分析、归纳，提炼出自己的观点与看法。这个思考的过程或许才是一门人文学科的灵魂。"也有被访谈教师（访谈编号：AHWJFT01）提到，"（通过学习大学先修课）来理解高中一些自然地理知识，学生对地理了解层次更深，更爱地理这种态度，对高中生是有一定帮助的。"

在授课形式方面，目前中学开设大学先修课存在五种教学模式：教师讲授；教师讲授为主、学生讨论为辅；教师讲授引导为主、学生课下自学为辅；在线视频为主、教师解答为辅；学生讨论为主、教师讲授为辅。在这五种教学模式中，教师作用的发挥和讨论所占的比重各有不同。从学生的反馈来看，教师讲授是目前高中授课的主要方式，一些大学先修课也采用这样的模式，学生认为比较枯燥，与学生实际能力相脱节。与之相反，一些大学先修课加入了学生讨论的环节，学生由被动学习变为主动学习，参与积极性更高，特别是对于大学先修课的开放性的授课内容，学生讨论更能激发学生学习的兴趣，调动学生学习的积极性，因而受到学生的欢迎。比如有学生提到，"在课上，老师带领我们对于很多问题进行探讨，我个人非常喜欢这种自由讨论、百家争鸣的氛围"（访谈编号：BSDFZ01）。此外，也有学生对"在线视频为主，教师解答为辅"的教学模式进行了评价。一方面有学生肯定了在线视频的趣味性，而且一些视频还配套了讲义和练习题，对学生学习有很大的帮助；但是另一方面也有学生提到了在线视频的瓶颈，在线视频以单向传授为主，缺乏教师与学生的互动和沟通。比如有学生（访谈编号：JSZGTS01）提到，"我感觉它（视频）可能有一个拓展，而且你只能照着他思路走，你如果有问题的话，他不能给你解答"。

三、大学先修课对学科兴趣的影响

由于研究问题的特点，因变量"有助于培养学科兴趣""满足我对学科的好奇心和求知欲"及"坚定学科相关信心"的评价属于有序分类变量，按照李克特量表将评价分为完全不同意、不同意、一般、同意、完全同意 5 个等级。因此，在此采用定序逻辑回归（Ordered Logit Regression）。

本书选取学生对有助于培养学科兴趣、满足我对学科的好奇心和求知欲、坚定学科相关信心的主观感受评价为因变量，选取 15 个自变量，变量定义及赋值说明如表 3-5 所示。

影响学生对大学先修课培养学科兴趣满意度的因素中，可以将 15 个自变量分为学生个人特征、学生家庭特征、学校特征及学生修读先修课情况 4 大类。首先，学生个人特征，包括性别、年级、文理科、成绩排名、理科和竞赛交互、内在动机与外在动机 7 项，除了基本特征外，需要加以说明的是，变量内在动机与外在动机是经过归类的，提取自问卷中问项 11 的 9 个小问项，皆以李克特量表将评价分为完全不同意、不同意、一般、同意、完全同意 5 个等级，并分别赋值 1～5。内在动机包含①兴趣、②学有余力、⑥了解大学课程学习；外在动机包含③获得高中选修课学分、④提高高考成绩、⑤获得自主招生的机会、⑦进入大学后免修该门课程、⑧老师要求或建议我参加、⑨周围同学参加，我受到影响。借由加总平均各小问项的赋值得到内、外在动机。学生参与大学先修课的原因亦可能成为影响其学科兴趣的因素，借由学生个人特征可以进一步分析其中的异质性作用。

学生家庭特征，包括家庭所在省、家庭所在地类别、父亲单位类型、家庭收入4项。学生的家庭特征都会影响学生对于先修课的积极度和满意度，如家庭收入高的学生家庭，本身就拥有较好的起点水平，可以通过其所拥有的经济资本，去获得更好的教育条件，包含进入较好的高中就读、补习、了解大学相关讯息等。再者，经描述统计结果可发现，参与大学先修课考试的学生多来自东部的一线城市，是否较好的家庭特征会成为影响因素，也需要加以考虑。

学校特征，包括重点高中、是否为考点两项。一方面，从学校的资源上而言，重点高中所有的师资或是资源投入，相比于一般学校，所存在的优势更为明显。另外，重点高中最核心的目标便是将学生送往一流高校，在这样的考量之下，无论是通过大学先修课、选修课或是学科竞赛，学校会通过各种渠道，让学生掌握更多、更深的知识、技能，有利于其竞争。另一方面，从我国大学先修课的现况和发展看来，目前还处在发展阶段，为了更好地开展本项目，无论是合作中学，或是设置考点的学校，皆为各地区的省、市示范高中。基于这些考量，有必要将重点高中、是否为考点两个变量加入回归中。

学生修读先修课情况，包括修读门数及课外学习时间两项。由于这些课程皆属于大学较为基础且入门的课程，参考多门课程的学生，相对而言也会获得较为广泛的知识，并且能够对在同样范畴内的各学科有更清楚的了解，可能是因为这样的因素，使得其能够在未来的学科选择问题上，相较于他人更为坚定。另外，学生是否会因为课外学习时间投入的多寡影响其学科兴趣，作为学生修读先修课的客观变量，将此两项变量加入回归中。

表 3–5　大学生先修课对学科兴趣影响变量选择及其赋值

因变量（Y_i）	自变量（X_i）	自变量细化层（X_{in}）	赋值说明
有助于培养学科兴趣 Y_1 满足我对学科的好奇心和求知欲 Y_2 坚定学科相关信心 Y_3	性别 X_1		女 = 0；男 = 1
	年级 X_2		高一 = 1；高二 = 2；高三 = 3（高一参照）
	文理科 X_3		文科 = 0；理科 = 1
	重点高中 X_4		否 = 0；是 = 1
	家庭所在省 X_5		东部 = 1；中部 = 2；西部 = 3（中部参照）
	家庭所在地属于 X_6		直辖市 / 省会城市 = 1；地级市 = 2；县城 / 县级市以下 = 3（地级市参照）
	父亲单位类型 X_7		机关事业 = 1；国企、外企、三资 = 2；私营、个体 = 3；农林牧渔民等 = 4（机关事业参照）
	成绩排名 X_8		前 5%=1；5%～25%=2；后 75%=3（前 5% 参照）
	理科和竞赛交互 X_9		否 = 0；是 = 1
	家庭收入 X_{10}		
	内在动机 X_{11}	兴趣（$n=1$）	
		学有余力（$n=2$）	
		了解大学课程学习（$n=3$）	
	外在动机 X_{12}	获得高中选修课学分（$n=1$）	
		提高高考成绩（$n=2$）	
		获得自主招生的机会（$n=3$）	
		进入大学后免修该门课程（$n=4$）	
		老师要求或建议我参加（$n=5$）	
		周围同学参加，我受到影响（$n=6$）	
	修读大学先修课的门数 X_{13}		
	先修课的课外学习时间 X_{14}		
	所在高中设置先修课考点 X_{15}		否 = 0；是 = 1

表 3-6 展示了基本的回归结果。经由卡方检验，三个回归的显著性均小于 0.05，说明模型整体较好。从三个方程的回归结果来看，"内在动机"与"外在动机"均显著影响三个因变量，说明内部动机和外部动机均能显著影响学生的学科兴趣。大学先修课的目标群体是学有余力的学生，即便有少数学生抱有比较功利的心态参与，绝大多数学生还是出于学科兴趣。此外，大学先修课为学生提供更深层次且充足的知识、技能，并且以大学的模式进行教学，除了有助于培养学科兴趣，也能满足学生对不同学科的好奇心和求知欲。通过大学先修课的学习，让学生能够提前了解相关学科的学习内容、方式，强化学生进入大学后学习相关学科的决心。兴趣虽是学生参与大学先修课的主因，但是在高考的压力之下，不可否认外在的因素也起了很大的影响。表 3-4 曾提到，获得自主招生机会、提高高考成绩、获得高中选修学分、免修大学相关课程及教师建议都是学生选修大学先修课的原因，其中又以获得自主招生机会的比例最高，因此外在动机对于学生而言也是影响学生学科兴趣的重要因素。此外，平时成绩排名在后 75% 的学生相比排名在前 5% 的学生具有更强的学科兴趣。这说明，尽管大学先修课主要希望面向学有余力的学生，也就是传统意义上成绩名列前茅的同学，但是，由于大学先修课与高考或自主招生之间是"软挂钩"的关系，因此，那些成绩并不在前 25% 的学生也更可能出于对某一学科的兴趣而参与大学先修课，并在学习过程中进一步提高学科兴趣。

表 3-6　修读先修课学生学科兴趣方面的影响因素

变量		有助于培养学科兴趣	满足我对学科的好奇心和求知欲	坚定学科相关信心
性别（女生为参照）		0.245	0.518	0.678
年级（高一为参照）		0.148	0.010***	0.199
文理科（文科为参照）		0.724	0.640	0.876
成绩排名（前 5% 为参照）	5%～25%（含）	0.184	0.298	0.659
	后 75%	0.063*	0.018**	0.010***
理科和竞赛交互项		0.169	0.297	0.531

续表

变量		有助于培养学科兴趣	满足我对学科的好奇心和求知欲	坚定学科相关信心
家庭所在省（中部为参照）	东部	0.358	0.063*	0.229
	西部	0.842	0.922	0.481
家庭所在地属于（直辖市/省会城市为参照）	地级市	0.985	0.622	0.269
	县城/县级市及以下	0.749	0.977	0.010***
父亲单位类型（机关事业单位为参照）	国企、外企、三资企业	0.021**	0.198	0.684
	私营、个体经营	0.272	0.321	0.424
	农林牧渔民等	0.542	0.744	0.290
家庭收入		0.174	0.879	0.459
重点高中		0.318	0.649	0.313
所在高中为先修课考点		0.148	0.264	0.777
内在动机		0.000***	0.000***	0.000***
外在动机		0.037**	0.012**	0.003***
修读先修课的门数		0.767	0.642	0.785
先修课的课外学习时间		0.592	0.154	0.009***
卡方		328.331***	367.802***	347.514***
伪 R^2	Cox&Snell	0.297	0.326	0.311
	Nagelkerke	0.355	0.382	0.331
	McFadden	0.194	0.205	0.134
样本量		1741	1741	1741

注：（1）本表格的回归结果基于 2016 年 10 月第五次调研，对 2016 年 4 月调研数据的回归分析结果与此类似；（2）*、**、*** 分别表示在显著性水平 10%、5% 和 1% 显著。

从其他控制变量的回归结果来看，在"满足我对学科的好奇心及求知欲"方面，高二学生相比高一学生具有更强的学科兴趣，这可能是因为高二学生具有更多的知识积累，也有部分学生有参与竞赛的经验，对自身能力、兴趣也有较好的认识。另外，东部学生相比中部学生也有较强的兴趣，可能的原因是东部地区中学质量普遍较高，师资、经费等方面的资源充分，为东部学生参与先修课创造更多的有利机会。学生在先修课的课外学习时间对坚定其学科相关信心上也有显著影响。

四、小结

本章试图回答中国大学先修课项目与中学生学科兴趣间的关系，研究主要得出如下结论：首先，学生视角下中国大学先修课的目标是多元的，"为有兴趣和学有余力的学生提供学习机会"被公认是该项目最主要的目标之一。在学生的理解中，中国大学先修课项目的目标包括为学有余力的学生提供学习机会、帮助学生获得自主招生的机会、帮助学生了解大学课程学习、帮助学生提高高考成绩等，其中激发和培养学生兴趣是重要的组成部分。其次，由于中国大学先修课与高考之间在制度上的弱联系，因此，能够吸引和选拔具有学科兴趣的学生。最后，中国大学先修课能够培养学生的学科兴趣，并对中学生在未来的大学专业选择产生一定的影响。这与先修课的课程内容和形式有关。一方面，大学先修课区别于学科竞赛，其内容更具深度和广度；另一方面，一些大学先修课课堂加入了学生讨论、在线视频课程或者翻转课堂，避免了教师全面讲授的单一枯燥。

总之，中国大学先修课项目能够选拔和吸引具有学科兴趣的学生，也对激发和培养学生的学科兴趣起到了积极作用。在未来中国大学先修课项目的发展中，项目组织者应通过完善课程及授课方式、提高教师水平等进一步加强中国大学先修课项目对学生兴趣的培养作用。例如，不断丰富课程内容，进一步拓宽知识的广度和深度，满足学生学科的好奇心和求知欲；加强高中教师的培训，提高教师的授课能力，鼓励教师在课堂中采用丰富的授课形式，引入小班教学、小组讨论等大学的授课方式，突出学生在课堂上的主体作用，提高学生参与项目的积极性；加强在线教育与中国大学先修课项目的联系，利用多媒体等现代信息技术增强课堂的趣味性，同时实现教学质量的提高。

第四章

中国大学先修课与中学大学课程衔接

人的发展及社会地位获得受多种因素的影响，在教育社会学的研究中，通常把这些因素分为先赋性因素与后致性因素，两者之间存在着紧密的关系。在学生发展的过程中，一旦形成了学习经验与学习能力，学生的成就便不再是单纯由先赋性因素所直接给予的[1]，学生的学习动机、学习方式都会因此而产生影响。学生的心理发展水平会随着年龄产生变化，对学习产生主导作用的动机也会随之变化。学生如果认为学习是一种负担，并且对于学习不感兴趣，甚至会因此产生厌倦的情绪。[2]

学生的学习方式也受到各阶段教育的影响，相比较而言，大学阶段的学习更加需要主动发掘和探究的能力，如果中学阶段学生的自主学习能力没有得到培养，那么进入大学后，就可能由于学习环境、学习目标、学习方式的变化而产生衔接问题。有研究提出，学生自主学习因其所内涵的能动性、独立性、有效性等特征，能有效实现中等教育与大学教育的衔接。[3]

很多研究都肯定了美国大学先修课在高中与大学教育衔接上有着积极的作用，具体体现在有助于学生选择专业、增加学习兴趣、提高学生在大学期间的

---

[1] 赵琳，王文，李一飞，等. 大学前教育经历对高等教育质量的影响机制研究——兼议教育领域综合改革 [J]. 清华大学教育研究，2014(3):35–44.

[2] 翟润瑟. 研究学生学习心理特征架起衔接的有机桥梁 [J]. 潍坊教育学院学报，2001(2):46–47.

[3] 赵晓霞，聂晓霞. 自主学习：衔接中学教育与大学教育的有效方式 [J]. 现代大学教育，2012(5):100–103.

表现等多个方面。❶B-C❹另有部分研究通过对比中美先修课，认为美国大学先修课的理念、制度可以作为我国大学先修课发展的借鉴。例如，李骐通过总结美国大学先修课的优缺点，认为先修课程强调知识的连续性对我国高考改革具有一定的参考意义。❺刘清华和樊本富分析美国大学先修课的制度，建议可以将美国大学先修课在大学招生的选拔机制，引入目前的招生录取标准上，优化我国大学自主招生的测度。❻

在教育衔接的作用上，很多学者认为中国大学先修课是一种新的方式，通过课程建设，有利于学生的全面发展，使中学与高校双赢。例如，有学者认为大学先修课在高中课程内容的基础上，注重衔接，同时有所提高，对学生的自学能力也有所要求。中国大学先修课能完善高考专业选择的可行路径，学生可以根据自己的学习情况参与其中。❼虽然多数人肯定了大学先修课是教育衔接的新途径，但同时也有学者提出中国大学先修课可能存在两个不利于教育衔接的问题。一方面，由于大学先修课的合作高中均以各地区的重点高中或是与高校关系较为密切的附属高中为主，这样的情况将会拉大不同地区及不同水平高中之间的差距且可能有违教育公平，限制了一部分学生的入学机会。❽❾另一方面，由于中国大学先修课的发展还在探索阶段，使得先修课的权责不够明晰，同时，由于受到制度性的限制，大学对大学先修课的评分标准及学分认证也不能明确，在人才选拔上大学先修课没办法发挥其实际的作用。❿

---

❶ 任长松.追求卓越：美国高中 AP 课程述评——兼谈近年来美国高中教育质量的提高 [J].课程·教材·教法，2007(12):81-86.

❷ 吴敏.美国进阶先修课程项目研究 [D].上海：华东师范大学，2008.

❸ 邬红波，吕慈仙.美国先修课程的现状、特点及启示 [J].中国高教研究，2013(3):67-70.

❹ 杨明全.大学先修课程与我国高中课程改革 [J].教育学报，2014(4):49-55.

❺ 李骐.美国 AP 课程对我国高考改革的启示——兼谈建立衔接大学与高中教育的大学先修课程体系 [J].教育探索，2014(12):145-147.

❻ 刘清华.美国大学先修课程 60 年——卓越与公平的互动 [J].高等教育研究，2014(11):102-109.

❼ 张清晓，张志华.大学先修课——高考专业选择指导与信息反馈的可行路径 [J].文教资料，2016(8):123-125.

❽ 顾安俊，刘景怡.大学先修课实施过程中的教育公平问题与对策 [J].求知导刊，2015(10):27-28.

❾ 赵娟.CAP 课程的实施：现状、问题与对策研究 [D].湘潭：湖南科技大学，2016.

❿ 顾健，陆建隆.北京大学"先修课程"实施现状的调查研究：基于南京市试点学校的调查数据 [J].上海教育科研，2015(6):9-12.

本章将从学生对大学先修课促进教育衔接作用的期待、大学先修课能否促进教育衔接及如何促进课程衔接三个方面来评价大学先修课的实施效果。

一、学生对大学先修课促进教育衔接的期待

从高中生参加大学先修课的原因来看，多数学生（71.4%）认可大学先修课可以帮助其了解大学课程，并能在进入大学后尽快适应大学的学习节奏。例如，山东省某中学参加微积分考试的学生（访谈编号：SDWJF01）在受访时提到："考上大学以后，学了比较方便，到时候省点劲吧。"另外，山东省某中学参加大学化学考试的学生（访谈编号：SDDXHX01）也反馈："对我个人来说的话锻炼能力肯定有的，毕竟都是自学，锻炼能力对发展什么非常有帮助，进入大学要轻松一些。对于大学来讲的话，如果就吸收了一批就已经提前学过这种大学知识学生的话，授课上会比较轻松。"

调查结果显示，超过85%的学生基于对学科的兴趣参与大学先修课程，也有七成的学生希望通过参与大学先修课获取自主招生的机会。大学先修课在启动之初，与自主招生是一种软挂钩的形式，北京大学先修课项目负责人表示："这个软挂钩，用经济学的术语去描述，应该是恰好到达一个均衡的状态，它使得那些没有兴趣的人不愿意去干，从而被排除在项目之外。然后让那个学了的人，不会为了实现什么（功利的）目标去做。"由此可以清楚地看出，大学先修课提供了一种人才选拔的新尝试，在最初的定位上就不是为了将其与高考直接挂钩。一些学生对此也有较强的认同，如有学生（访谈编号：AHJSGLT2）提到："自主招生的话，我们想这个东西不管人家怎么看，哪怕是清华，看到北大大学先修你的成绩在这儿，不可能给你带来坏的影响，而是一些正面的影响。"也有学生（访谈编号：NJZGTS01）谈道："我当时自己的考虑是，因为我确实对历史比较感兴趣，倒不一定说非要拿一个什么样的等级去获得自主招生。"也有一些学生从更加现实的角度认识先修课，如山东一名参加微积分考试的学生（访谈编号：SDWJF01）表示："对个人而言，第一个就是上大学的问题，能获得自招资格，对上大学是一种吸引的途径。"

有 1/4 的学生希望进入大学后抵免学分，这与先修课的制度设计有关。目前，不管是哪个主办方开设的大学先修课，均没有明确上大学后能否减免学分，学生对此也没有太高期待。一位曾学习过大学化学先修课并被北京大学信息科学技术学院录取的学生（访谈编号：DXSS03）表示："进入大学后没有被减免学分，一方面是因为大学化学并不是自己的专业课，可以不用选课，另一方面是没有政策也没有通知告诉我可以免修学分，如果可以免修的话，我会选择大学化学作为自己的通选课。"

二、大学先修课能否促进教育衔接

从学生对大学先修课项目的效果评价来看，78.2% 的高中生认为先修课有助于了解大学课程。"我觉得大学先修课就应该是高中跟大学的一个过渡，把高中知识跟大学知识更好地去衔接。"（访谈编号：AHWJF03）对于专业意向尚未明确或有所疑问的学生来说，大学先修课程提供了一个了解大学专业的机会和窗口；而对于专业意向明确的学生来说，先修课则有助于进一步助其坚定未来的专业方向。有 62.9% 的学生认为"大学先修课项目能坚定学生进入大学后学习相关学科的决心"，其中完全赞同的比例达到 40.8%，完全不同意和不同意的比例占 16.2%。而对北京大学 2016 级新生的调查也显示，超过九成修读过大学先修课的学生认为，参加大学先修课能帮助他们了解大学的课程，超过六成学生认为学习大学先修课坚定了进入大学后学习相关学科的决心。

从访谈的情况来看，安徽省某中学参加微积分考试的学生（访谈编号：AHWJF01）表示："有的专业可能跟我们想象当中不一样，必须接触它，（大学先修课）帮助我们以后选这个专业。"一位安徽计算概论的教师（访谈编号：AHJSGLT2）也反馈："通过（开设）这样（的）课程，更多了解这个专业。如果学生零基础学习大学先修课，实际上我可以让他对大学专业有一个初步了解，他（学生）到底适合不适合，他（学生）是能够感觉到的。"高中学生对大学先修课项目的效果评价如表 4-1 所示。大学对大学生先修课项目效果评价如表 4-2 所示。

表 4-1   高中学生对大学先修课项目的效果评价

调研时间	2016 年 4 月			2016 年 10 月		
评价	同意	一般	不同意	同意	一般	不同意
有助于了解大学课程	78.2%	14.7%	7.0%	81.4%	13.5%	5.1%
坚定进入大学后学习相关学科的决心	62.9%	20.9%	16.2%	65.2%	20.9%	13.9%

表 4-2   大学生对大学先修课项目的效果评价

调研时间	2016 年 7 月（2016 级）		2017 年 7 月（2017 级）	
评价	同意	不同意	同意	不同意
有助于了解大学课程	92.0%	8.0%	91.0%	9.0%
坚定进入大学后学习相关学科的决心	64.8%	35.2%	69.0%	31.0%

三、大学先修课如何促进教育衔接

从上述分析可以看出，绝大多数学生都对大学先修课的教育衔接作用怀有期待，且对其教育衔接的作用有着积极正面的评价。那么，大学先修课是如何促进教育衔接的呢？

（一）课程内容

关于大学先修课课程内容与高中课程内容的联系与相关性，学生的看法并不一致。从问卷调查的结果来看，有 29.8% 的学生认为大学先修课的课程内容与高中相关课程内容联系紧密，而认为存在一定联系的学生表示，学习先修课程有助其在高中相关课程的学习。某位参加中国通史考试的山东学生（访谈编号：SDZGTS01）表示："中国通史与高中历史课教学内容有一定的相关性，中国通史主要讲授古代史，与高中历史古代史部分有重合的地方，先修课与历史课相比，更加详细与深入，类似于专题介绍，先修课的学习有助于历史课的学习。"另一位参加微积分考试的山东省学生（访谈编号：SDWJF01）反馈："课程有一定的难度，但是只要会了就不难了……微积分与高中数学有一定的联系，如导数，可以用更好的方式去解题。"也有学生表示先修课与大学课程并不一样（访谈编号：SDDXHX01），"我觉得这考试跟大学没有关系，先修课里面的知识面并不像心中大学课本习题那种感觉，且内容太过单一。"另外，有 35.8% 的学生表示并不认同，还有 1/3 的学生持中立态度。

关于大学先修课的内容是大学范围的知识还是大学与高中知识的结合，学生观点也不一致。有学生认为大学先修课是比较简单的大学课程，也有学生认为大学先修课比高中课程水平高一些，并不是单纯地讲授大学低年级的内容，而是大学与高中学习内容的衔接，其目的是实现高中与大学的过渡。某位参加微积分考试的安徽学生（访谈编号：AHWJF01）反映："我觉得大学先修课就应该是高中跟大学的一个过渡，把高中知识跟大学知识更好地去衔接，我们初中升高中的时候，就订了一本初高中衔接教材，我觉得这个性质是差不多的。"另一位学习中国通史的学生（访谈编号：AHZGTS01）表示，"如果说衔接的话最起码扩大知识面，了解各种历史现象，在思维方面的提升肯定是有作用的。"

某位学习过中国古代文化课程的学生（访谈编号：DXSS01）表示，"虽然是中文方向，但还是涵盖很多历史的内容，所以是加深对高中课本知识的理解，虽然说没有预想到，但成绩还是提升很快，最明显的是高二下写出了一篇最满意的考场作文。"另一名学习过中国古代通史课程的学生（访谈编号：DXSS04）却认为两者之间没有明显关联，"我觉得还是知识吧，知识只不过在高中历史课本稍微向扩展了一点，整体课给我的感觉差不多，也不会有很多大学方面的，不可能让大学教授教历史给我们听。"中学生对先修课程与高中课程联系性的评价如表 4-3 所示。

表 4-3　中学生评价：课程内容与高中相关课程内容联系紧密

对大学先修课的授课评价	2016 年 4 月					
	完全同意	同意	一般	不同意	完全不同意	不适用
课程内容与高中相关课程内容联系紧密	13.0%	16.8%	34.4%	23.5%	12.3%	—

续表

对大学先修课的授课评价	2016 年 4 月					
	完全 同意	同意	一般	不同意	完全 不同意	不适用
考试题型与高中差别很大	41.6%	27.1%	15.8%	7.9%	6.2%	1.5%
考试侧重考察对知识的综合理解和运用	46.9%	27.6%	12.4%	4.3%	3.1%	0.4%

注："—"表示调查中无此项。

（二）授课形式

大学先修课的教学模式已跳脱传统以教师讲授为主的授课方式，不再由教师一人唱独角戏，教师在讲授同时加入讨论的形式。80.6% 的学生表示，教师在讲授同时加入大量讨论，76% 的教师也表示在讲授的同时加入了课堂讨论。但是一位曾修习《中国古代通史》的受访大学生认为，大学先修课的授课方式与高中其他科目没有不同（访谈编号：DXSS04），"因为毕竟是高中的老师在授课，讲课的方式是一样的。听这个名字是和大学课程挂钩的，但是真正上这个课还是会发现以高中历史教学方式为主。"

也有学生认为先修课的授课方式虽然与高中授课方式有所差异，但是与大学的情况又不相同，并没有产生应有的衔接作用。一位曾修习大学化学的受访者（访谈编号：DXSS02）表示，"先修课是以问题为导向、以项目为导向的教学方式，主要培养学生的研究能力，但是大学并不是这种教学方式，并不是以研究为导向的教学方式。所以说，大学先修课的教学形式并不接近于大学，大学先修课在教学方式上的衔接作用值得商榷。"

（三）学习自主性的培养

大学先修课程作为高中的一门选修课程，对学生的学习参与程度没有硬性要求，真正感兴趣又想学好先修课程的学生需要大量阅读或准备，包括讨论、小组报告及课后作业。有老师表示，课上教师讲授一个小时，课后学生大概需要花三小时的时间自主学习。学生在独立查找、独立阅读、独立思考、独立完成作业的过程中，自然而然地可以培养自主学习能力和探索能力。这区别于传统的高中学习方式——由教师单向教授，学生只是被动地接收，缺少自主学习。自主自学能力是大学阶段学习的必备能力，通过大学先修课，能够让中学生提早熟悉、适应大学的学习方式。

从访谈来看，一位学习大学化学的学生（访谈编号：SDDXHX01）表示，"对我个人来说的话锻炼能力肯定有的，毕竟都是自学，锻炼能力对发展什么非常有帮助，进入大学要轻松一些。至少比零基础要强，对于学校来说的话，反正我们学校应该比较提倡自主发展。"另一位学习《中国古代文化》的学生（访谈编号：DXSS01）表示，"就是一开始对大学的学习还摸不着头绪。但是在第一个学期学习了先修课，相当于奠定了比较好的基础。不管是能力上的塑造，还是心态上的塑造，就是熟了就不怕了，相当于跟同龄人相比，先走出这一步，然后机会资源都有很多不同，但心态还是比较大的原因。"

（四）考试方式的一致性

68.7% 的学生认为先修课考试题型与高中差别大。高中考试多为选择性题目，大学先修课多是开放性题型，需要学生表达自己的观点与看法，并且更重视答题的过程。有受访的大学生对于先修课的考试方式也给予了肯定，认为对于进入大学的学习产生帮助。"上课方式、考试方式都很接近大学，考试跟大学没什么两样，所以对大学刚开学的成绩还是比较满意。"（访谈编号：DXSS01）也有受访中学生表示不适应，认为先修课题型应更加适应高中学习的特点。

（五）考试目的的多样性

先修课的考察能力更偏向于大学的培养能力，学生认为主要考察以下几种能力。

其一，阅读能力和记忆能力。例如，安徽省某中学生（访谈编号：AHZG-GDWHS1）认为："除了最后一题，其他应该都是记忆题。"（访谈编号：NJZ-GTS01）"你还要自己去查各种文献，查各种书，然后自己把他们联系起来。"

其二，分析与归纳能力。对考试材料的临场分析，得到相应的规律与结论，山东省某中学参加大学化学的学生（访谈编号：SDDXHX01）反馈："考察你对信息的理解，因为都是一些非常新的知识，我原来在课本上没有见过这些知识，就是对这些知识的提炼。"

其三，融会贯通能力。对不同时期史实进行联系与对比，学会分析与比较，并在规定字数限制中对答案进行清晰明白的阐述。山东省某中学参加中国通史的学生（访谈编号：SDZGTS02）表示："他着重于寻找（各个朝代）之间的联系对比。"（访谈编号：NJZGTS02）"这些东西，你去分析，还有把它联系起来，你还得有一个表达能力，而且表达的比较干练。"

其四，研究能力。不同学生对此评价不一。安徽省某中学参加中国通史的学生（访谈编号：NJZGTS01）反馈："这门课考试，就像教授自己说的一样，目的就是培养有学术，研究潜力的人。"学习过大学化学的大学生（访谈编号：DXSS03）表示："先修课提高的不是学生的知识水平，而是提高学生的研究水平。先修课在培养如何做一个研究者，先修课让学生学会如何找文献、如何发现问题、如何开展这个研究。"但亦有曾修习过大学化学的大学生（访谈编号：DXSS02）认为："本科生教学方式还是以知识传授为主，并没有过多地涉及研究能力的培养，而大学先修课则希望培养学生的研究能力。其实，在这个方面来说，先修课并未起到高中与大学的衔接性作用。"

四、大学先修课衔接作用的影响因素

为了了解不同特征大学生对先修课衔接作用的评价，接下来将分别以"有助于了解大学课程""坚定学科相关信心"及"考察对知识的综合理解"的评价作为因变量。由于这些变量属于有序分类变量，按照李克特量表将评价分为完全不同意、不同意、一般、同意、完全同意五个等级，因此，在此采用定序逻辑回归（Ordered Logit Regression）。

方程中的自变量共有 21 个，可以分为学生个人特征、家庭特征、学校特征及修读先修课情况 4 类。个人特征包括性别、年级、文理科、成绩排名、理科和竞赛的交互项。家庭特征包括家庭所在省、家庭所在地类别、父亲单位类型、父亲受教育程度、家庭收入 5 项。学校特征包括重点高中、是否为大学先修课考点两项指标来衡量高中办学质量。另外，学生参与先修课的情况包括修读动机、修读门数及课外学习时间。内在动机包含兴趣、学有余力、了解大学课程学习。外在动机包含获得高中选修课学分、提高高考成绩、获得自主招生的机会、进入大学后免修该门课程、老师要求或建议我参加、周围同学参加我受到影响。另外，由于表 4-4 使用的样本为 2016 年 4 月和 2016 年 10 月的合并数据，因此，还加入了调查时间。

首先，经由卡方检验，回归的显著性均小于 0.05，说明模型整体显著。进一步从回归系数来看，"有助于了解大学课程""坚定学科相关信心"及"考察对知识的综合理解"三个回归结果还是有比较大的差异，显著影响的因变量各有不同。

表 4-4 大学生先修课衔接作用的异质性回归结果

变量		了解大学课程	坚定学科信心	考察对知识的综合理解
性别（女生为参照）		−0.311*	0.059	−0.253**
年级（高一为参照）		0.028	0.147	−0.045
理科（文科为参照）		0.619***	0.651***	−0.391**
重点高中（非重点高中为参照）		0.279*	−0.039	−0.450*
家庭所在地区（中部为参照）	东部	−0.236	−0.164	0.260
	西部	−0.225	−0.242	0.096
家庭所在地类型（直辖市/省会为参照）	地级市	0.068	0.325**	0.257
	县城/县级市及以下	0.407**	0.529***	0.200
父亲单位类型（机关事业单位为参照）	国企、外企、三资企业	−0.160	−0.176	−0.249*
	私营、个体经营	−0.290**	−0.229**	−0.100
	农林牧渔民等	0.031	0.208	0.041
成绩排名（前5%为参照）	5%~25%（含）	−0.089	0.068	0.019
	后75%	0.247	0.288	0.135

变量	了解大学课程	坚定学科信心	考察对知识的综合理解
理科 * 竞赛	−0.218	−0.034	−0.0117
家庭收入	−0.006	0.004	−0.005
内在动机	1.382***	1.133***	0.707***
外在动机	0.273***	0.149**	−0.092
高中开设大学先修课门数	0.024	−0.013	0.003
先修课的课外学习时间	0.005	0.008	0.005
高中设置先修课考点	−0.095	−0.070	0.033
课程难度很大	0.010	−0.036	−0.014
课程内容与考试内容联系紧密	0.064	0.141***	0.201***
考试难度很大	0.165***	−0.056	0.282***
考试内容与高中课程内容联系紧密	0.101*	0.183***	0.091*
考试题型与高中考试题型差别很大	0.158***	0.078*	0.543***
考试时间（2016 年 4 月为参照）	0.161	−0.213	0.148
样本量	3363	3363	3363

注：*、**、*** 分别表示显著性水平为 10%、5%、1%。

从表 4-4 回归结果可以看出以下三点。

第一，内在动机强或外在动机强的学生均更加肯定先修课有助于了解大学课程、坚定学习相关学科的信心、考察对知识的综合理解。

学生修读大学先修课的内在动机主要包括兴趣、学有余力及了解大学课程学习。大学先修课的目标群体就是在高中阶段学有余力的学生，且绝大多数的学生还是出于其对各学科的兴趣，通过修习大学先修课进一步了解未来大学的相关课程，强化其未来学习相关学科的信心。这些既有兴趣、又有能力和意愿的学生，在学习技巧、知识背景、学习态度上均优于其他学生，也更加认同大学先修课的教育理念和教学效果。外在动机包括获得自主招生的机会、进入大学后免修该门课程，相比动机不足的学生，持有外在动机的学生也更加肯定大学先修课对促进高中到大学衔接的正面影响。可见，不管学生参与先修课出于内在动机还是外在动机，对先修课促进衔接的作用都给予了充分的肯定。

第二，理科生更加肯定大学先修课有助于了解大学课程、坚定学科信心、考察对知识的综合理解。

北京大学目前所开设的大学先修课程以理科为主（八门中涵盖了六门），且都是理科生进入大学后非常基础的课程内容。在这种情况下，理科生相对文科生有更多的机会了解大学课程。另外，就课程内容而言，微积分、电磁学、计算概论、大学化学等科目，有具体的公式、定理可供学习，较为明确，而文科的中国古代通史及中国古代文化，涉及的内容范围非常广，且无论是课程内容或考题都是以思考申论题为主，并没有明确的答案，侧重学生阐述自己的理解和想法。可能基于这样的原因，使得理科学生认为更能够掌握课程内容，并有助于其了解大学的相关课程。

第三，重点高中学生更加肯定先修课有助于了解大学课程。

从学校的资源上来看，重点高中的师资或是资源投入相比一般学校优势更为明显。重点高中最核心的目标便是将学生送往一流高校。出于这种考虑，学校会通过各种渠道让学生掌握更多、更深的知识技能，包括大学先修课、选修课或是学科竞赛。我国大学先修课目前还处在发展阶段，为了更好地开展本项目，也会优先考虑与各地区的省、市示范高中合作，所开设的课程数量多。因此，尽管所有中学的学生均可以报名参加考试，但是普通中学往往没有能力和资源开设相应的课程，学生从大学先修课项目中的受益更小。

此外，大学先修课在课程与考试的设计上也对衔接作用的发挥造成影响。

第一，认同大学先修课课程内容与考试内容紧密性的学生更加肯定先修课有助于了解大学课程、坚定学习相关学科的信心、考察对知识的综合理解。

大学先修课的各科课程由大学教授设计，同时也是考试的出题者。课程内容的安排为大学基础课程，相比高中片面的知识点，更强调学生在学习中整体的思维提升。这样的设想也在考试中展现，以开放性问答题引发学生思考，课程的内容与考试之间存在高度的联系。可见学生通过大学先修课的学习，除了提前了解相关课程，也对其思维能力的提升有所帮助。

第二，认为大学先修课考试难度大的学生更加肯定先修课有助于了解大学课程及考察对知识的综合理解。

大学先修课为学有余力的学生提供在高中阶段提前学习大学的基础课程，可以看做是比较简单的大学课程，比高中课程水平高一些，因此，课程与考试本身便存在一定的难度。学生通过大学先修课的考试，一方面可以提前了解大学的课程内容，再加上先修课考试考察的能力本身更偏向于大学的人才培养，学生是否对所学的知识得以融会贯通是关键问题。

第三，认为大学先修课的考试题型与高中差异大的学生更加肯定先修课有助于了解大学课程及考察对知识的综合理解。

大学先修课考试以开放性题型为主，需要学生表达自己的观点与看法，更重视答题的过程，这与高中考试多为选择性题目有很大的差异。大学先修课考试方式和大学课程考察形式的一致性，对于学生进入大学的学习有一定的帮助，并且有助于培养学生对知识加以分析、思考的能力。

五、小结

从学生对大学先修课项目的效果评价来看，高中生高度认同大学先修课有助于学生了解大学课程。对于专业意向尚未明确或有所疑惑的学生来说，先修课也提供了一个提前了解大学专业学习的窗口，帮助决定未来是否适合在大学学习此专业。从这个角度来说，大学先修课衔接了高中教育和大学教育，有助于学生更好地适应大学。

对大学先修课作用机制的分析可以从课程、考试及人才选拔几个层面来看。首先，在课程内容上，先修课课程内容与高中课程存在一定的联系，但区别于高中现行课程，先修课相对难度较低、内容更具深度和广度，作为大学与高中学习内容的衔接，能够弥补高中与大学的学习断层。在上课形式上，一些先修课课堂加入了学生讨论、在线视频，避免了教师全面讲授的单一枯燥，也更接近于大学的授课模式。大学先修课对于学生的学习方式也产生影响，更加看重学生的自主学习的能力，这是大学学习的必备技能之一。另外，先修课考察的能力更偏向于大学希望培养的学生能力，如分析、归纳、综合理解等，让学生及早接触未来大学的学习模式，对于进入大学的学习有一定帮助。从人才选拔的角度来看，大学先修课的成绩与自主招生之间的关系始终存在着一种弱联系或者说是软挂钩的状态。对学生而言，入学资格的加分、入学后的免修抵免学分等，也是吸引学生参与先修课程的重要原因。同时，对于高校而言也提供了一种新的选拔人才方式。先修课的这些设计都打破了升学考试"一刀切"的方式，学生的学习建立在一个立体的教育结构上，并在两个层次的教育间，产生交叉性联系。

第五章

中国大学先修课与大学人才选拔

自 1977 年高考恢复以来，考试招生制度不断改进完善。将高考成绩作为高校录取学生的唯一依据，使得学生在"一考定终身"的压力下学习负担过重，中小学素质教育难以深入推进，高校难以科学选拔人才。若不以高考成绩作为唯一录取依据，应设立何种评价体系？综合评价制度是高考改革的重要组成部分，通过全国统一考试与高校自主评价相结合的模式，综合考察学生在高中阶段的发展、在高考中的成绩及在高校自主招生考试中的表现，全面考察学生的综合素质。在这一系统内，高校也可以获得更多的招生自主权，录取那些更加适合本校人才培养模式的学生。

在高考改革的背景下，中国大学先修课项目的兴起和发展为高校开展综合评价提供了一种可能的途径，即高校可以根据学生修读大学先修课的情况鉴别学生的学习能力，预测学生在大学期间的学习表现。那么，大学先修课项目是否真能实现这一目标呢？具体来说，那些修读大学先修课的学生在进入大学后，与未修读过先修课的同学之间是否存在能力和学业表现上的差异？本章将试图回答这一问题。

一、大学的招生标准和目标

高校实行综合评价是为了跳脱单一的标准，选拔更加适合和优质的生源。

然而，评价范围大、涵盖内容多、评价标准不明确，再加上评价中难以避免的主观性，综合评价的人才选拔效果及选拔的公平性一直受到质疑。

为了使综合评价机制更具可考察、可比较、可分析性，2014 年《教育部关于加强和改进普通高中学生综合素质评价的意见》中提出五个方面的评价标准（如表 5-1 所示）来评价学生的综合素质。将学生在高中学习过程中的突出表现作为考察的重点，强调通过参与相关活动情况及其成果来考察学生的综合素质状况。例如，在思想品德方面，不仅要看学生参加公益劳动的具体内容，还要看参加的次数、持续时间等，使学生的表现可以进行相互比较。❶另外，在意见中也进一步规定"档案材料要突出重点，避免面面俱到、千人一面"，"有些活动项目学生没有参加或事迹不突出，可以空缺"。明文规定综合素质评价并非指将学生各方面素质的评价结果综合起来，而是突出对优势素质或个性特长的评价。也就是说，综合素质评价要从任何一个方面去评价学生可能具备的优势素质，但并不需要对各个方面的素质都进行评价，尤其是不需要将各个方面的评价结果综合起来或都呈现出来。

表 5-1 《教育部关于加强和改进普通高中学生综合素质评价的意见》的内涵

评价标准	评价内容
思想品德	包括爱党爱国、理想信念、诚实守信、仁爱友善、责任义务、遵纪守法等方面的表现。重点是学生参与党团活动、有关社团活动、公益劳动、志愿服务等的次数、持续时间，如为孤寡老人、留守儿童、残疾人等弱势群体提供无偿帮助，到福利院、医院、社会救助机构等公共场所、社会组织做无偿服务，为赛会保障、环境保护等活动做志愿者
学业水平	考察学生各门课程基础知识、基本技能掌握情况以及运用知识解决问题的能力等。重点是学业水平考试成绩、选修课程内容和学习成绩、研究性学习与创新成果等，特别是具有优势的学科学习情况
身心健康	主要考察学生的健康生活方式、体育锻炼习惯、身体机能、运动技能和心理素质等。重点是《国家学生体质健康标准》测试主要结果，体育运动特长项目，参加体育运动的效果，应对困难和挫折的表现等

❶ 高飞.基于多元评价理论的高职自主招生入学评价 [J].南通纺织职业技术学院学报，2013，13(2)：91-93.

续表

评价标准	评价内容
艺术素养	主要考察学生对艺术的审美感受、理解、鉴赏和表现的能力。重点是在音乐、美术、舞蹈、戏剧、戏曲、影视、书法等方面表现出来的兴趣特长，参加艺术活动的成果等
社会实践	主要考察学生在社会生活中动手操作、体验经历等情况。重点是学生参加实践活动的次数、持续时间，形成的作品、调查报告等，如与技术课程等有关实习，生产劳动、勤工俭学、军训，参观学习与社会调查等

一览目前高校推行的自主招生简章中关于综合评价的阐述，在学业水平方面，主要考察学生各门课程基础知识、基本技能掌握情况及运用知识解决问题的能力等。重点是学业水平考试成绩、选修课程内容和学习成绩、研究性学习与创新成果等，特别是具有优势的学科学习情况。有学者提出，可以适当参考我国大学先修课程或 MOOCAP 考试成绩、中学生"英才计划"学习经历、一流大学夏令营经历和成绩等。[1]超越高中课程标准的学术特长（如大学先修课的学习情况）也是综合素质评价的范围。[2]有学者认为，应突出对学生知识融会贯通能力、分析与解决问题能力和综合素质的考察。[3]像北京大学这类顶尖学校应把考查重点转向更为重要的发展潜能、想象力、逻辑思考与批判性思维、领导力、社会责任感等要素上。[4]也有学者提出应该招收对专业认知度很高的考生，也就是说一定想读这类专业，甚至想好了毕业后也从事这个专业领域，对这类专业有特别的兴趣爱好，也有一定的专业知识积累。例如，南京大学将"较明显的学科倾向、良好的个人禀赋和专业基础"作为对选拔对象的扩展要求。

在此基础下，高校应形成符合学校人才培养目标的综合评价办法，并建立综合评价指标体系，考查学生在各个方面的学习成果。有学者提出，高校应在

[1] 王洪才. 拔尖创新人才培养：理论、实践与挑战 [J]. 教育学术月刊，2016(12):3-10.

[2] 张丽. 我国教育大众化阶段的精英高等教育发展探究 [D]. 曲阜：曲阜师范大学，2008.

[3] 徐萍，史国栋. 本科拔尖人才培养的基本规律与机制创新 [J]. 黑龙江高教研究，2014(12):152-154.

[4] 柳夕浪. "综合素质"与"核心素养"——再谈"培养什么样的人"[J]. 华东师范大学学报（教育科学版），2017(2).

招生中扮演主体角色，真正拥有自主招生权利，能决定招收多少学生、按什么标准招生、最终录不录取学生等问题。换句话说，高校需要具备什么样综合素质的学生由高校自己说了算。❶

中国大学先修课在设立和发展之初，在先修课中取得优异成绩的学生可以获得参加大学自主招生的机会，这就意味着大学先修课在大学综合评价中获得了认可，即在大学先修课中表现优异的学生综合素质更强。为了评价大学先修课的人才选拔效果，接下来将以被北京大学录取的学生作为研究对象，分析大学先修课对学生能力和学业表现的影响。

二、大学先修课对学生能力的提升作用

（一）是否参加大学先修课的大学生特点比较

首先，在高中阶段选修过大学先修课的学生中，城市户口的学生占绝大多数，超过九成。其次，从学生的家庭所在地分布也可以看出，省会与直辖市超过半数，县级以下的比例相对低。这方面与先修课目前试点的地区和学校有很大的关系。从入学渠道（加分 / 降分类型）来看，通过自主招生进入北京大学的学生中，修过大学先修课的学生比例多于未修过的学生，在 2016 级学生中，修过大学先修课并通过自主招生录取的学生占 12.1%。最后，从高中文理科和大学学科专业分布来看，理（工）科学生参加大学先修课的比例均高于文科（人文社科），这与北京大学大学先修课的课程多以理科为主有关（如表 5-2 所示）。

表 5-2　大学生样本的基本特征

类别		2016 级		2017 级	
		参加	未参加	参加	未参加
性别	男	62.3%	56.5%	67.0%	58.2%
	女	37.7%	43.5%	33.0%	41.8%

❶ 程龙 . 高校招生办参与高中生综合素质评价的角色及路径探讨 [J]. 现代教育管理，2017(3):65-70.

续表

类别		2016级		2017级	
		参加	未参加	参加	未参加
文理分科（高考类别）	文科	22.6%	34.4%	23.9%	33.0%
	理科	74.4%	64.4%	63.8%	59.8%
文理分科（高考类别）	其他（不分文理及暂未确定）	3.0%	1.2%	12.3%	7.2%
户口类型	城市	95.5%	79.9%	93.9%	83.9%
	农村	4.5%	20.1%	6.1%	16.1%
家庭所在地类型	直辖市/省会城市	53.8%	30.8%	52.4%	35.0%
	地级市	29.1%	25.7%	26.2%	26.4%
	县城/县级市及以下	17.1%	43.5%	21.4%	38.6%
入学渠道（加分/降分类型）	无加分	38.2%	51.8%	68.0%	71.1%
	自主招生	12.1%	6.3%	6.1%	4.7%
	博雅	29.6%	21.3%	16.5%	13.9%
	筑梦	1.0%	6.3%	0.6%	1.4%
	特长	0.5%	1.2%	0.3%	0.3%
	竞赛	15.1%	8.8%	7.4%	1.9%
	少数民族	0.0%	0.3%	0.3%	5.0%
	其他	3.5%	4.1%	0.6%	1.7%
院系分布	理学部	32.1%	27.7%	39.3%	26.7%
	信息与工程科学学部	23.1%	18.2%	20.0%	19.0%
	人文学部	11.0%	16.1%	14.3%	19.3%
	社会科学学部	12.0%	18.1%	9.0%	15.3%
	经济与管理学部	12.5%	13.1%	8.7%	12.8%
	跨学科类	9.0%	6.7%	8.4%	6.9%

在北京大学新生调查问卷中，学生被要求对自己的综合能力和批判性思维进行自评。通过对自主招生与综合素质评价（核心素养）的梳理），可以发

现，学生知识面的深度还是考察的重点之一。而从调查结果来看，在高中选修过大学先修课的学生，在知识面和视野的自评上，相对于未修过的学生有更高的评价（如图 5-1 所示）。从大学生的访谈中也发现，几乎所有学生都肯定了大学先修课在拓展学生视野上的帮助。曾修过大学化学的学生（访谈编号：DXSS05）表示："对现在学习很有帮助的，因为那个时候讲的知识点是当时最前沿最潮流的东西，所以说对于纯粹学术性的化学理解是很有帮助的。"另一位修过中国古代通史的学生（访谈编号：DXSS06）也认为："（先修课对大学学习）帮助肯定是有的，肯定会提供一些高中学不到的知识，给你一些知识储备，比如你学到的一些历史知识还有英语写作这方面的技能，我觉得就比没有准备进入大学有优势一点。"大学生综合能力之知识面和视野的评价如图 5-1 所示。

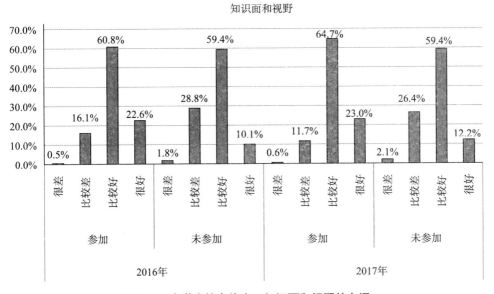

图 5-1 大学生综合能力：知识面和视野的自评

从学习兴趣的比较来看，是否修读过大学先修课的两类学生没有明显差异，对学习感兴趣的比例都超过九成（如图 5-2 所示）。在大学生的访谈中，多数学生对于自身的专业都有比较高的兴趣。

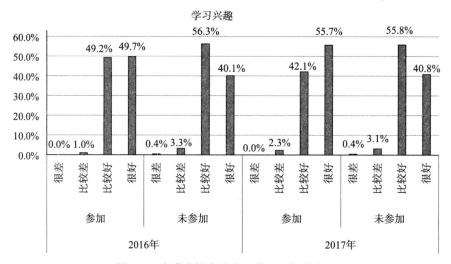

图 5-2　大学生综合能力：学习兴趣的自评

从批判性思维的角度来看，在反思与探究问题的两个方面，选修过先修课的学生在自评的认同度上略高于未修过先修课的学生，尤其是选修过先修课的学生中，自我评价很好的比例要远高于未修过先修课的学生。

从大学生的访谈中发现，学生普遍认可大学先修课对于思维能力的培养，同时，也让他们更愿意深入地思考和探究问题。一位修过中国古代通史的学生在受访时（访谈编号：DXSS06）提到："（大学先修课培养的）主要是思维，知识点重叠的和高中不多，高考的知识点还是挺窄的，所以知识点方面其实没有多大差别，但是对思维的拓展有帮助，比如我记得在先修课上哪个地方遇到过，能更自如的去应对这些。"另一位修过大学化学的学生（访谈编号：DXSS03）表示："先修课提高的不是学生的知识水平，而是提高学生的研究水平。先修课在培养如何做一个研究者，让学生学会教你如何找文献、如何发现问题、如何开展这个研究。"大学生批判性思维的自评如图 5-3、图 5-4所示。

进一步分析先修课对于学生在专业选择的差异可以看出，学习过先修课的学生，对于所要学习的专业领域有比较好的认识和了解，这可能与先修课提供高中生提前了解大学课程的机会有很大的关系。大学生对专业的了解程度如图 5-5 所示。

图 5-3 大学生批判性思维：反思接受的信息，考证信息的来源的自评

图 5-4 大学生批判性思维：喜欢探究答案背后的原因的自评

图 5-5 大学生的专业了解程度

从学习兴趣的角度来看，学习过先修课的学生在此问项上略高于未学过先修课的学生。一方面，这些选修先修课的同学可能本身便对相关学科更感兴趣；另一方面，也可能通过修习先修课对相关的学科产生更大的学习兴趣。从访谈中也发现，这些修过先修课的学生在高中阶段便对未来大学的专业选择有所规划，并且了解相关专业的学习内容，同时也有着较高的学习兴趣，大学先修课在这当中也作为一个重要的了解渠道。一位同时学习《中国古代通史》和英语写作的学生（访谈编号：DXSS07）表示："对英语感兴趣，因为我本来也想学英语就想先从这方面（大学先修课）拓展一下……选了北京大学的课程（《古代通史》）其实就有点想不要局限于英语这个专业，可以去试一下别的，可能也感兴趣，但两个课程比较下来我觉得还是英语在学的过程中学到了一些新的技巧，还有新的文化知识。"大学生对将要学习的专业兴趣自评如图5-6所示。

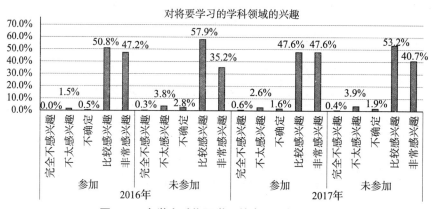

图5-6 大学生对将要学习的专业兴趣的自评

（二）大学先修课对能力提升的影响因素

为了分析大学先修课对能力提升的影响因素，接下来分别以"知识面和视野""学习兴趣""自我反思"及"探究问题"的评价作为因变量建立计量回归模型。由于评价属于有序分类变量，分为很差、比较差、比较好及很好四个等级，因此，在此采用定序逻辑回归（Ordered Logit Regression）。经由卡方检验，三个回归的显著性均小于0.05，说明模型整体较好。根据模型结果，可将影响因变量的因素归纳如表5-3所示。

表 5-3　大学先修课对能力提升作用影响因素的回归结果

变量		知识面和视野	学习兴趣	自我反思	问题探究
大学先修课（未修过为参照）		0.421**	0.308*	0.224	−0.203
性别（女生为参照）		0.712***	0.108	−0.303**	−0.383***
户口类别（农村为参照）		0.752***	−0.071	0.212	0.169
文理科（文科为参照）	理科	−0.237*	0.006	0.153	−0.115
	不分文理或其他	−0.651	−0.157	−0.980*	−0.314
家庭所在地区（中部为参照）	东部	0.155	0.042	0.066	0.171
	西部	−0.165	−0.165	−0.070	−0.011
家庭所在地类型（地级市为参照）	直辖市/省会	0.161	−0.212	−0.028	0.099
	县城/县级市及以下	−0.275*	−0.062	0.220	0.272*
父亲受教育程度（高中或中专为参照）	大学或以上	0.177	0.485***	0.092	−0.183
	初中或以下	−0.217	−0.368	−0.057	0.156
父亲单位类型（机关事业单位为参照）	国企、外企、三资	0.021	0.144	0.083	−0.114
	私营、个体经营	0.013	0.159	0.155	0.156
	农林牧渔民等	0.157	0.471*	0.120	0.276
家庭富裕程度		0.389***	−0.207	−0.166	0.282**
入学渠道（高考统招为参照）	自主招生	0.334***	0.235*	−0.064	−0.028
	保送	−0.234	0.040	−0.357	0.190
	特长	0.321	−0.024	−0.646	0.746
样本量		1317	1317	1317	1317

注：*，**，*** 分别表示显著性水平为 10%，5% 和 1%。

从表 5-3 可以发现，曾修过先修课的学生相对于未修过先修课的学生在"知识面和视野""学习兴趣"上有显著的影响，但在"自我反思"和"问题探究"上没有显著的差异。这说明学生通过学习先修课可以在一定程度上拓展个人的视野，接触到更深的知识，提升学生的综合能力。但是在批判性思维上，虽然先修课利用其与大学相似的课程方式和考试方式（不局限标准答案的考试题型），期望学生可以通过主动学习，来达到提升学生思维的目标，但从现有的实证研究结果来看，仍未能达到预期。尽管统计意义上没有显著差异，但是从访谈中还是可以发现，学生仍然认可先修课对于他们在思维能力上的培养效果。

三、大学先修课对大学生学业表现的影响

为分析大学先修课对学生在大学阶段学习效果的影响，本节将利用学生在大学一年级的成绩检验大学先修课对学生的学业表现影响。首先，通过建立多元线性回归评估有无修过先修课学生学业成绩的差异。

$$y_i = \alpha + \beta CAP_i + \gamma X_i + \mu_i, \ E(\mu) = 0 \qquad (5\text{-}1)$$

其中，y_i 是第 i 个学生的学业成绩，包括学生在进入大学后第一年所有课的平均分数、选修课平均分数及全校必修课平均分数。CAP_i 是测量学生是否修过大学先修课的变量，1 表示学生修过先修课，0 则代表学生未曾修过先修课。X_i 是可能影响学生的个人、家庭、父母特征的变量。μ_i 是随机扰动项。课程成绩的一般性回归结果如表 5-4 所示。

表 5-4　大学先修课影响课程成绩的一般线性回归结果

变量		所有课平均分	选修课平均分	校必修平均分
修读先修课	未修过为参照	0.206	0.340	0.169
性别	女生为参照	−1.119***	−1.383***	−1.739***
独生子女	非独生为参照	0.138	0.476	0.674
户口类别	农村为参照	0.400	1.119*	0.496*
政治面貌	非中共党员为参照	−0.759	0.361	−0.490
文理科（文科为参照）	理科	0.080	0.104	0.518
	不分文理	−0.290	−3.379**	−0.218
家庭所在省（中部为参照）	东部	0.646	−0.808	0.308
	西部	1.065	0.450	1.167
家庭所在地类型（地级市为参照）	省会/直辖市	−0.109	−0.363	−0.129
	县级市以下	−1.045***	−1.051**	−0.343

变量		所有课平均分	选修课平均分	校必修平均分
父亲受教育程度（高中或中专参照）	大学或以上	−0.141	−0.469	−0.432
	初中或以下	−1.272**	−0.709	−0.851*
父亲单位类型（机关事业参照）	国企、外企、三资	−0.392	−0.021	−0.577
父亲单位类型（机关事业参照）	私营、个体	0.153	0.514	0.552
	农林牧渔民等	−0.736	−0.286	−0.880
	其他	−0.378	−0.165	−0.477
母亲受教育程度（高中或中专参照）	大学或以上	0.021	0.358	−0.030
	初中或以下	−0.139	0.429	−0.152
母亲单位类型（机关事业参照）	国企、外企、三资	0.156	0.583	0.663
	私营、个体	0.400	−0.056	0.551
	农林牧渔民等	−1.245	−0.179	−0.538
家庭富裕程度	—	0.099	0.373	0.112
学生干部	未曾担任为参照	−0.814*	0.004	0.126
高考分数	—	0.010**	0.012*	0.008*
课程数量	—	0.674*	0.075	0.174
入学类型（高考统招为参照）	自主招生	1.732***	1.138***	0.958***
	保送	2.668	2.004	1.176
	特长	−3.553*	0.271	−3.659**
学部（理学部为参照）	经济与管理学部	2.561***	0.328	0.819
	跨学科类	3.380***	0.870	4.761***
	人文学部	2.302***	0.445	−0.079
	社会科学学部	2.720***	1.505**	0.929*
	信息与工程科学学部	0.119	−1.088**	0.214
常数项		75.865***	76.349***	79.255***
R−squared/Pseudo R^2		0.2022	0.1201	0.1771
样本量		1248	1226	1248

注：*，**，*** 分别表示显著性水平为 10%、5% 和 1%。

从表 5-4 可以发现，学生是否上过先修课对其大学成绩没有显著的影响。一种可能是学生是否修先修课对其学业表现确实没有影响，另一种可能是先修课对学业表现有影响，但是因为模型设定存在的自选择问题，从而得到了有偏的结果。在一般情况下，往往是那些学习主动性更高、学习能力更强的学生修读大学先修课的可能性更大，且在大学期间的学业表现更好。但是往往这类影响因素难以被观测到。若存在这种因遗漏变量所产生的自选择问题，则实际估计的回归结果就是有偏的。

为了克服这种偏差，接下来使用倾向性得分匹配法（Propensity Score Matching）。经过匹配处理后，处理组（即修过先修课的学生）和控制组（即未修过先修课的学生）的学生个人特征、父母特征、家庭特征是一致的，找出处于两种不同状态下但特征相似的样本，便能对两组样本进行比较研究。尽管倾向性得分匹配的方法难以解决全部的自选择偏差问题，但是可以在一定程度上保证是否修读过大学先修课的两类学生更加可比。

首先，估计两类学生修读大学先修课的概率，即计算倾向性得分，接着依据倾向性得分共同支撑区域（Common Support）匹配修读和未修读大学先修课的两类学生，然后对匹配上的两组学生计算修读先修课对学生学业成绩的影响。

其次，建立倾向性得分匹配方程式，尽可能控制所有协变量，包括学生在修习大学先修课以前的基本特征：个人特征、父母特征及家庭特征。对两组学生进行匹配后，除了加入已有协变量作为控制变量进一步优化回归结果，也同时纳入一些在修读先修课之后，可能对学生成绩有影响的变量作为控制变量，如各类课程数量。

通过 PSM 进行匹配处理，并使用一对一匹配（One-To-One Matching），由于样本容量不大，因此，进行有放回匹配，并且允许并列。在 PSM 估计中，估计结果的标准误差都是通过 Bootstrap 方法获得。为获得较为稳定的标准误差，使用进行了 200 次检验获得的标准误差估计结果。从匹配的结果来看，实现了处理组和控制组之间的平衡，平衡性检验的结果可参见附录四。特征变量的偏误比例几乎都降到 5% 以下。同时，t 检验统计值也表明，无法拒绝处理组与控制组之间差异为零的原假设，而观察偏误（绝对值）降低比例都超过了 25%，最高的达到100%，这代表倾向分数匹配方法确实能降低处理组与控制组之间的差异。

表5-5显示了三个因变量倾向得分匹配的处理效应，包括ATT（处理组的处理效应）、ATC（控制组的处理效应）及ATE（平均处理效应）。可以发现，仅所有课平均分数的ATE在10%的水平上显著，说明先修课对学生在大一学年所有课程平均分的平均效应是正显著的，而其他分数上的处理效应均不显著。

表5-5　修读先修课对学生大学第一年各类平均分数的影响

因变量	处理组/控制组	ATT	ATC	ATE
所有课平均分数	179/885	0.8744	0.8254	0.8334*
选修课平均分数	174/850	−0.2747	0.0738	0.0171
校必修平均分数	179/885	0.3171	0.6367	0.5842

注：括号内为标准误差；*、**、***分别表示显著性水平为10%、5%、1%。

四、小结

本章通过分析和比较修过与未修过先修课的两类学生，了解大学先修课项目能够吸引和选拔具有何种特征的学生，高校是否能以此作为综合评价标准来考察学生的能力，以及大学生先修课能否在真正意义上实现衔接高中与大学的作用。利用描述统计和逻辑回归分析发现，大学先修课在培养学生的知识面和学科兴趣上有着一定积极的作用。在考试招生制度的改革中，希望可以更加全面地考察学生的整体素质，但是知识水平还是重要的一环。通过大学先修课，学生能够提前掌握更深入的学科知识，并且有利于培养他们对于特定学科的兴趣，这也是许多高校在综合评价中考量的依据之一。

另外，本章也利用了客观性的指标分析大学先修课对于学生进入大学后的学业表现是否能有积极的影响作用。但结果表明，高中是否修过先修课对学生在大学的大学成绩没有影响。美国关于大学先修课对学生学业表现影响的研究，多数表明那些曾经学习过大学先修课的学生的成绩会比没有修过先修课的学生高。本章没有得到相似的结论，可能的原因是，修读某一科目的大学生先修课，未必进入与该门课程相关的大学专业，先修课的作用在课程成绩中难以体现。因此，在本书中可能使得先修课的效果被低估。访谈中也有学生也提出这样的想法，一位就读外国语学院的学生如此评价先修课对其大学学业的影响（访谈编号：DXSS04）："我觉得这和我选的课有很大关系，我选的是中国古代史，大学报历史的学生来说可能会好一点，在高中上面拔高一点，如果选别的专业没有什么用。"也有学生肯定了先修课对于其大学学业的积极影响，一位学习大学化学的学生（访谈编号：DXSS01）表示："（大学先修课）上课方式、考试方式都很接近大学，考试跟大学没什么两样，所以对大学刚开学的成绩还是比较满意……但是在第一个学期，相当于奠定了比较好的基础。"

　　总体而言，大学先修课还在发展中，对于学生长期的影响作用还需要进一步的研究去补充，这可能也是目前从短期效果来看，先修课还无法在学生的学业表现上起到影响作用的可能原因之一。但是，从学生的视野和兴趣拓展上，大学先修课仍然产生了积极的作用。

上篇总结

　　美国大学先修课已有60年的历史，然而，对其从公平和效率两个角度的评估，仍然得到不尽一致的研究结论。大学先修课也在争议中逐步调整项目目标、受众，并不断趋于成熟。我国大学先修课仅有几年历史，但发展迅速、规模庞大。

　　大学先修课在教育衔接与学科兴趣的培养上都有着积极的作用。从学科兴趣的角度而言，大学先修课能培养学生的兴趣，并对学生在大学专业选择上产生一定的影响。从教育衔接的视角而言，大学先修课为学生提供一个提前了解大学专业学习的窗口，同时帮助学生决定未来是否适合在大学学习此专业。从人才培养和选拔的机制来看，虽然大学先修课对于学生在大学的学业表现没有显著的影响，但是还是在一定程度上提供学生拓展知识面和视野的机会。

　　在未来中国大学先修课项目的发展中，项目组织者应通过完善课程、授课方式、教师水平等方式进一步加强中国大学先修课项目对创新有机衔接的培养作用。

　　在先修课的课程设置上，目前的课程仍不够多元，且以理科科目为主。先修课项目应根据学生需要增设一些相关的课程科目，同时不断丰富课程内容，进一步拓宽知识的广度和深度，满足学生学科的好奇心和求知欲，提高学生参与项目的积极性。在资源的配置上，要避免资源过度集中在重点高中。为了扩大项目影响范围，并实现教育资源的均衡配置，也应加大对非重点中学的关注和支持。

从先修课程的制度来看，受限于国家政策规章，高校不能将大学先修课的成绩直接作为自主招生的评价标准，只能作为综合评价的一个参考，而进入大学后也不能将相应的学分进行转换和采认。换言之，学生即便花费大量的时间、精力取得好成绩，也不保证对其在大学自主招生上有任何决定性的影响。在这一制度背景下，未来一些中学可能不愿意将有限的资源投入先修课，而学生在高考的压力之下，也可能会减少参与课程的意愿。

哈尔滨工业大学率先在 2017 年试行了学分认定，这一尝试可以说是大学先修课在制度上的一大突破。学生首先需要参与网上慕课，并通过网上考试，才能获得线下考试的资格，通过考试后的学分认定也采取了自主自愿的原则，可以直接获得该学期微积分课程的 5.5 个学分或放弃成绩和其他学生一样正常学习。

大学先修课需要考虑如何突破制度上的限制，提高中学、教师及学生的参与积极性，更好地将人才培养和人才选拔结合起来，更好地实现高中与大学的衔接。

中篇
"英才计划"

第六章

"英才计划"的缘起与青少年科学兴趣发展

一、"英才计划"的基本理念

科技创新是人类文明进步的第一动力，科技人才是推动科技创新的核心要素。为贯彻全国科技创新大会精神，落实《国家中长期教育改革和发展规划纲要（2010—2020 年）》关于"支持有条件的高中与大学、科研院所合作开展创新人才培养研究和试验，建立创新人才培养基地"的要求，中国科协于 2013 年在全国部分重点高校开展中学生科技创新后备人才培养计划（以下简称"英才计划"）。

"英才计划"旨在选拔一批品学兼优、学有余力且具有创新潜质的中学生进入大学，在自然科学基础学科领域（数学、物理、化学、生物和计算机五大学科）的著名科学家指导下参加为期一年的科学研究项目、科技社团活动、学术研讨和科研实践等活动。在此过程中，学生感受名师魅力、体验科研过程、激发科学兴趣、提高创新能力、树立科学志向。可以说，是推动一批基础学科较强的重点高校、科研机构开发开放优质科技教育资源，建立高校与中学联合发现和培养青少年科技创新人才的有效模式。

"英才计划"的长期培养目标是非常明确的，即发现和引导优秀中学生对基础学科的兴趣，引导他们未来从事基础学科的学习和研究工作，并通过大学、研究生阶段的连续培养，最终与国家人才计划相衔接，同时通过连续不断的支持，最终使其成为基础学科的领军人物，并逐步跻身世界一流科学家行列，在未来引领中国乃至世界的科学技术进步。由此可见，目前的英才培养计划，实际上是由"英才计划"—拔尖计划—人才计划相互衔接，逐层递进的系列计划构成的，其目的是构建一个高效的通道，吸引优秀学生进入基础研究领域，并最终成为拔尖的创新人才。

按照中国科协办公厅、教育部办公厅《关于继续开展2016年中学生"英才计划"试点工作的通知》要求，试点工作继续实施。林蕙青同志在"英才计划"2015年度总结会上指出，要在"英才计划"已有工作基础上，进一步做好三方面的衔接工作。

第一，推动"英才计划"与中学教育改革有效衔接。将"英才计划"纳入中学教育改革的范畴。要在中学树立创新人才培养的理念，使之成为师生的自觉意识和行动；要明确创新人才教学基本要求，探索设立创新学分，将"英才计划"培养活动纳入中学生综合素质评价体系。

第二，推动"英才计划"与大学教育紧密衔接。与中学合作培养英才学生的试点高校要组建优秀导师团队，对学生的学习、研究和生涯规划等进行全方位指导；开放实验室等各种优质教育资源，为学生创造良好的学习条件。同时，要对已升入大学的学生进行跟踪研究，根据学生的综合发展情况和大学教师的反馈，对"英才计划"学生培养方案进行调整优化，促进基础教育和高等教育两个阶段拔尖创新人才培养工作的有效衔接。

第三，推动"英才计划"与"拔尖计划"的衔接。"英才计划"是"拔尖计划"的姊妹篇，是在基础教育阶段开展拔尖创新人才培养的积极探索。目前，20所试点高校每年推荐导师180余人，其中院士、长江学者、国家级教学名师等优秀教师约占导师总人数的60%。第一批"英才计划"学生中有多半考入"拔尖计划"试点高校。各"拔尖计划"试点高校要积极探索制定符合学校办学定位和专业培养要求的"英才计划"学生选拔办法，并在培养过程中做好课程学分转换认定等工作，推进两个计划衔接。

根据《国家中长期人才发展规划纲要（2010—2020年)》和《国家中长期教

育改革和发展规划纲要（2010—2020 年）》的部署，从 2009 年起，国家启动实施"基础学科拔尖学生培养试验计划"（以下简称"拔尖计划"），在清华大学、北京大学等 19 所重点大学的数学、物理、化学、生物科学、计算机科学等领域建立了一批国家基础学科人才培养基地。"拔尖计划"实施五年来，在体制机制、学生选拔、培养模式改革等方面取得了积极进展，已培养出三届本科毕业生 2500 名。三届毕业生中，96% 的学生继续攻读研究生，其中有 50% 的学生进入了排名前 100 名的国际知名大学深造，15% 的学生进入了排名前 10 名的世界顶尖级大学深造，可以说初步实现了成才率高的阶段性目标。拔尖学生普遍展现出既有远大理想又脚踏实地的精神风貌，在批判性思维能力、知识整合能力、团队协作能力等方面表现突出，部分学生已在学术领域崭露头角，在世界顶尖学术期刊上发表论文，在国际大赛上表现优异。国际上一些学者评价，"拔尖计划"拥有"最优秀的本科生和最优秀的本科教育"，"中国高等教育领跑者的示范作用突出"。

二、"英才计划"与青少年科学兴趣发展

"英才计划"的首要任务就是发现对基础学科具有浓厚兴趣、未来立志从事基础学科研究的优秀中学生，并加以引导和培养。作为刚刚入学的高一学生，学生接触数学的时间相对较长，但对物理、化学、生物学和计算机的接触才刚刚开始。他们对这些学科的认识还比较粗浅，兴趣也不够稳定。因此，对学科兴趣的培养和引导是"英才计划"最重要的任务，而且兴趣的引导和培养对于学生进入大学之后的学科发展也十分重要。

基础学科兴趣的萌芽往往具有自发性、随机性和不确定性，缺乏规律，难以进行清晰的描述。但对于参加"英才计划"的学生，其兴趣的萌芽已经存在而且往往已经具有一定的确定性和强度。因此，选拔对某个学科具有特殊兴趣的学生，是"英才计划"得以顺利实施的关键。

与兴趣萌芽不同，兴趣的强化和发展则有据可循。兴趣往往表现在对学科探究的热情，喜欢阅读更多的有关该学科的书籍，获得更多的知识和能力，并因此

感到愉悦；另外，青少年一般喜欢亲手开展一些探究和实验，并在实验的成功中获得成功体验，使其兴趣得以强化。应该说，学科兴趣的强化是"英才计划"最重要的任务。采用的方法主要是进一步引导学生探究的兴趣和热情，比如引导学生从日常学习、课外阅读中发现一些有趣的问题，引导他们进行更加系统深入的思考。所以，课上的深入学习、批判性的思考，课外的兴趣阅读是最有效的引导和强化兴趣的方法。这也就是强调在培养过程中引导"英才计划"学生进行提问和深入讨论的理论基础。"英才计划"实施框架如图6-1所示。

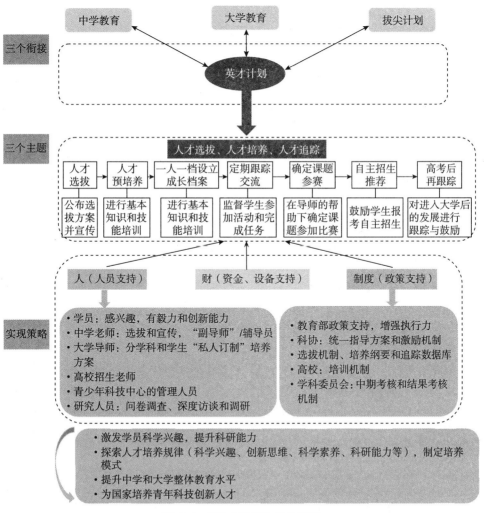

图6-1 "英才计划"实施框架

另外，让学生自己提出一个问题，或者从导师的工作中发现一个问题，开展带有一定水平和应用型的实验探究，也是发展兴趣的重要举措。在实验研究中，需要注意课题的水平和工作量，课题需具有一定的水平、一定的难度和一定的工作量。一般来说，水平和难度越高，其挑战性就越强，越能调动学生的积极性，其成功的体验就越强烈，对兴趣的加强作用愈大，效果愈持久。但是如果课题太难、工作量太大，难以完成或者效果无法令人满意，则可能打击并压抑学生的兴趣和信心，反而起到相反的效果。保持学生的探究热情是培养学生兴趣的重要方法之一，一般的做法是引导学生不断探究问题，并使其在探究的过程中取得成功。

为了进一步了解青少年兴趣的发展规律，课题组面向北京大学的理科学生开展了问卷调查。问卷采用的是美国印地安纳大学编制的 *Assessing Multinational Interest in Stem* 汉化版问卷，问卷主要请学生回忆在从学前到高中阶段里，科学兴趣产生的时间、激发 STEM❶ 兴趣的经历、对激发 STEM 早期兴趣起作用的人、每个时间段对于坚持在 STEM 领域的最重要的因素（事件和经历、人物）、理科职业兴趣、对科学技术的态度等。一共发放了 1000 份问卷，回收了 895 份有效问卷，有效回收率为 89.5%。

（一）早期 STEM 兴趣

问卷调查从三个方面来考察学生的早期 STEM 兴趣，包括 STEM 兴趣最初产生的时间、激发 STEM 早期兴趣的经历及对激发 STEM 早期兴趣起作用的人物。

1. 时间

调查结果显示，学生早期对 STEM 产生兴趣的时间段主要集中在上小学前、

---

❶ STEM 是科学（Science）、技术（Technology）、工程（Engineering）和数学（Mathematics）四门学科的简写，这一概念最早在 1986 年由美国国家科学基金会提出。他们注意到，美国在科学、技术、工程和数学领域学生数量不足；教师和大部分的中学学生在科学和数学成绩都在"熟练"这一水平以下，并且他们的教师很多都缺乏足够的学科知识。这一现象也引起了美国政府的高度紧张和关注，于是加大研究的力度，集合学术和商业团体的力量，共同促进 STEM 发展。2006 年 1 月 31 日，美国总统布什在其国情咨文中公布一项重要计划——《美国竞争力计划》（American Competitiveness Initiative，ACI），提出知识经济时代教育目标之一是培养具有 STEM 素养的人才，并称其为全球竞争力的关键。此后，美国在 STEM 教育方面不断加大投入，鼓励学生主修科学、技术、工程和数学，培养其科技理工素养。

小学和初中这三个阶段，其占比分别为 22.7%、32.2% 和 20.9%。到大学阶段或者大学毕业后对 STEM 产生兴趣的人数就很少，只有 2.4%（如图 6-2 所示）。

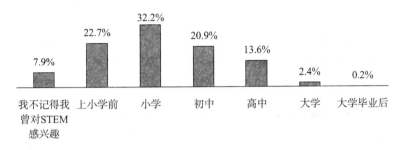

图 6-2　早期 STEM 兴趣的时间

2. 经历

关于激发 STEM 早期兴趣的经历，调查对象中有 33.5% 认为书本或杂志激发了他们对于 STEM 的早期兴趣；其次是学校课程、对数学问题或逻辑游戏的兴趣，分别占 18.0% 和 15.4%；而在 STEM 课程上的优异成绩、组装 / 修补 / 拆分机械或电子产品和数学、科学与电脑类的奥赛所占比例较小。同时，也有 9.0% 的学生表明自己一直发自内心对 STEM 感兴趣，并没有明确事件（如图 6-3 所示）。

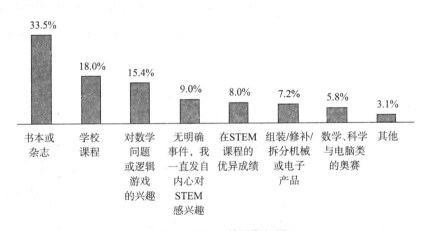

图 6-3　STEM 的早期经历

3. 人物

在调查对象中，有一半以上的学生表示自己本身就对科学感兴趣，而父母 / 监护人、老师对于激发他们的早期 STEM 兴趣也起了一定作用（如图 6-4 所示）。

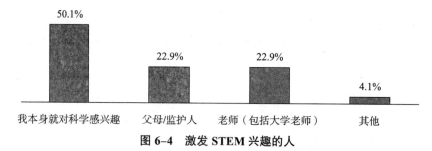

图 6-4　激发 STEM 兴趣的人

（二）STEM 兴趣的发展

问卷调查了 STEM 兴趣在不同求学阶段是如何发展的，受到哪些重要因素的影响。笔者将这些因素分为五类：学校经历、非学校经历、具体活动、兴趣和动机因素、人物。

1. 学校经历

从学校经历来看，起初对 STEM 产生兴趣后，有 30% 的学生因为小学 5 年级至高中三年级阶段在 STEM 科目取得好成绩而坚持在 STEM 领域；19% 的学生因为初中三年级至高中三年级的数学、科学与电脑类的奥赛而坚持在 STEM 领域；16.2% 的学生因为大学阶段的研究经历和学校有趣的 STEM 课程而坚持在 STEM 领域。而校内与 STEM 相关的社团经历对学生坚持在 STEM 领域没明显影响（如图 6-5 所示）。

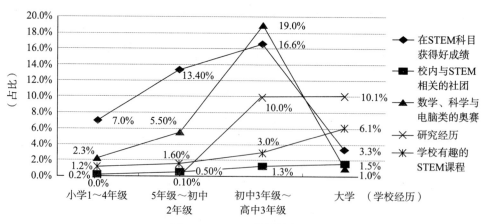

图 6-5　STEM 的学校经历

由学校经历的折线图可以看出，在STEM科目获得好成绩和数学、科学与电脑类的奥赛对学生坚持在STEM领域的影响从小学到高中是不断增加的，但到了大学阶段急剧下降；而研究经历和学校有趣的STEM课程的影响在小学和初中阶段不明显，但到了高中和大学不断增加。校内与STEM相关的社团经历对学生坚持在STEM领域的影响一直处于很低水平。这说明国内学校有关STEM的社团较少，即使有这样的社团，在引起和保持学生对STEM的兴趣方面，其作用较小。

2. 非学校经历

由于非学校经历方面而坚持在STEM领域的较少，主要是小学五年级至初中二年级及初中三年级至高中三年级在家进行的实验或者研究让起初对STEM产生兴趣的学生坚持在STEM领域，分别占2.6%和1.5%（如图6-6所示）。

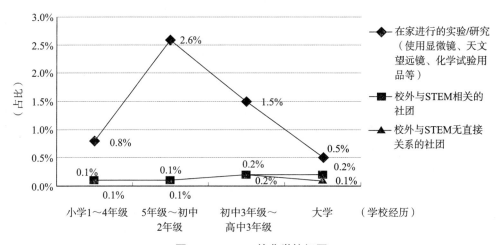

图6-6 STEM的非学校经历

注："校外与STEM相关的社团"和"校外与STEM无直接关系的社团"在小学11～4年级和5年级～初中2年级两个阶段重复。

通过图6-6可以发现，非学校经历使学生坚持在STEM领域的不多。在家进行实验或者研究，如使用显微镜、天文望远镜、化学实验用品主要的作用是让学生坚持在STEM领域的非学校经历，其影响在小学和初中阶段不断增加，到高中和大学阶段下降。

3.具体事件或经历

具体活动方面，小学一至四年级及小学五年级至初中二年级的棋类游戏或电脑游戏、书籍或杂志是主要使学生坚持在STEM领域的具体活动，26.4%的学生因为小学一至四年级以及小学五年级至初中二年级的棋类游戏或电脑游戏坚持在STEM领域，32.1%的学生因为小学一至四年级以及小学五年级至初中二年级的书籍或杂志坚持在STEM领域。还有7.9%的学生因为大学阶段的电脑编程而坚持在STEM领域（如图6-7所示）。

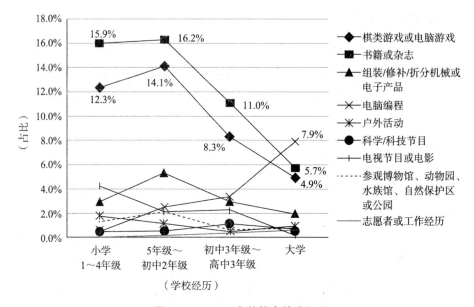

图6-7　STEM有关的事件或经历

从图6-7可以看出，书籍或杂志是导致学生坚持在STEM领域的最主要因素，其次为棋类游戏或电脑游戏，但是这两个因素都主要在小学和初中阶段起作用，在高中和大学阶段的影响降低；电脑编程对学生坚持在STEM领域的影响主要发生在初中三年级至高中三年级和大学阶段。其他因素对学生坚持在STEM领域的影响不大。

4.兴趣、动机

兴趣和动机方面，10.6%的学生因为在大学产生的职业兴趣导致其坚持在STEM领域，12.3%和11.6%的学生因为小学一至四年级和小学五年级至初中二年级对数学问题或逻辑游戏的兴趣坚持在 STEM 领域，18.8% 的学生因为大学阶段对该领域的兴趣或热情坚持在 STEM 领域（如图 6-8 所示）。

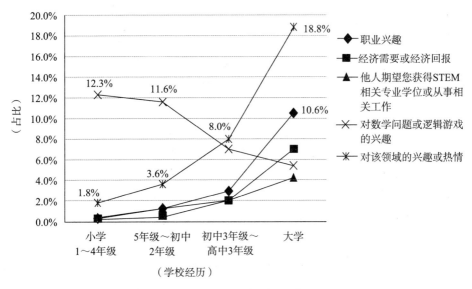

图 6-8 STEM 的兴趣和动机

从图 6-8 可以看出，对数学问题或逻辑游戏的兴趣使学生坚持在 STEM 领域的影响随着时间的推移在逐步降低，而其他兴趣、动机影响因素随着时间的推移逐步提升，从初中三年级到高中三年级时期到大学时期影响提升最多。

5. 人物

从图 6-9 可以发现，小学一至四年级阶段父母或监护人对学生保持兴趣起到相当重要的作用，54.9% 的学生认为小学一至四年级父母或监护人对其保持对 STEM 的兴趣起到了最大的作用；从小学五年级到初中二年级 54.1% 的人认为老师和父母/监护人对兴趣的保持所起的作用比较大，到了初中三年级至高中三年级 63.5% 的人认为老师和自己的作用比较大，到了大学阶段对 STEM 兴趣的保持起主要作用的是著名科学家或科学人士以及自己独立的兴趣，持这一看法的人数比例约为 52.9%，而朋友对学生坚持在 STEM 领域的影响相对其他因素较小，在高中阶段有一定作用。

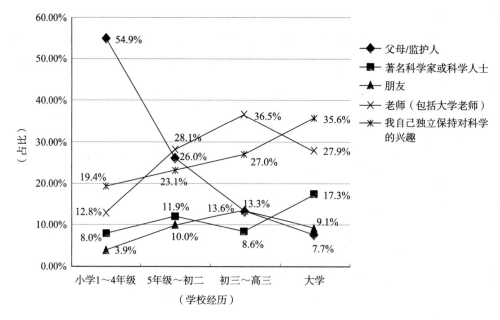

图 6-9　激发 STEM 兴趣的人物

从图 6-9 可以看出，父母对学生坚持在 STEM 领域的影响从小学到大学阶段不断降低，而自身独立保持对科学的兴趣这一因素的影响越来越高；老师对学生坚持在 STEM 领域的影响在小学至高中阶段一直增加，但到了大学阶段有所下降；著名科学家或科学人士对学生坚持在 STEM 领域的影响波动上升，在大学阶段影响最大。

（三）STEM 职业兴趣

关于 STEM 职业兴趣，调查问卷从两个方面进行考察，一是，最初考虑从事 STEM 职业时的职业类型；二是，最初对从事 STEM 职业感兴趣的时间。

1. 职业类型

由图 6-10 可以发现，32.5% 的学生最初考虑从事有关 STEM 领域的职业时打算做中学教师，其次为 19.4% 的学生想做工程师，再次为 10.4% 的学生打算做程序员或者游戏设计师。1.3% 的学生从未想过从事 STEM 方面的工作。

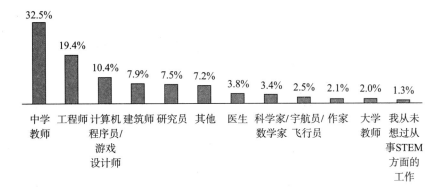

图 6-10 STEM 职业类型

2. 时间

从图 6-11 可知，31.4% 的学生在高中阶段对 STEM 方面工作产生兴趣，20.5% 和 19.6% 的学生分别在初中和大学阶段对 STEM 方面工作产生兴趣。15.7% 和 10.4% 的学生分别在小学和小学前对 STEM 方面工作产生兴趣，仅有 2.4% 的学生在大学毕业后对 STEM 方面工作产生兴趣。

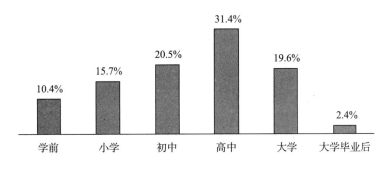

图 6-11 STEM 兴趣维持的时间

（四）对科学技术的态度

由图 6-12 可以看出，75% 以上的学生认识到了科学的重要性，65.7% 的学生认为中国学校的科学和数学教育质量不够好，50.3% 的学生认为我们对科学太过依赖，反之对信仰的依赖则不足；仅有 16% 的学生认为在日常生活中，了解科学不重要。

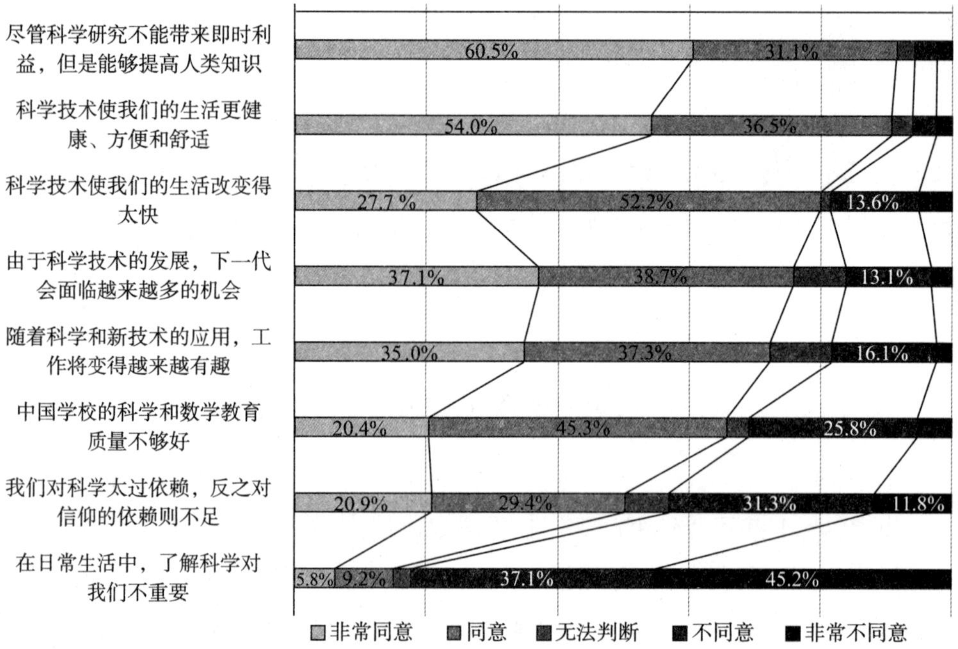

图 6-12　对科学技术的态度

三、国外青少年科技人才培养实践

（一）培养形式与内容

"英才计划"作为一个新生事物，特别是作为发现和培养人才长期计划的重要环节，要更好地发挥其的作用，探寻国外人才培养实践案例规律方法是非常必要的。本书将人才培养实践活动分为针对小学、初中生的初步探索——普适性活动与针对高中生的提高类活动（如图 6-13 所示）。由于"英才计划"针对学生群体为高中生，本书将着重阐述国外在高中阶段对青少年开展的深入探索——提高类活动，以期达到启发我国青少年科学兴趣培养工作更加科学、合理、细致的目的。

本书将"深入探索——提高类活动"按照培养环节的先后顺序大致分为培养目标（项目/计划使命）、选拔方式、培养过程、培养质量几环，其中着重关注的是培养过程,并进一步将其细分为培养形式——描述国外培养人才实践案例的种类,包括科学课程、竞赛与暑期学校,班级规模,教师与教职工的基本情况(用来衡量授课教师水平与指导情况,以此来评估教师在活动中的作用与地位,包括授课教师取得学位情况、行政、技术、辅导等岗位运行情况),课程设置(用来描述作为一门课程如何能够激发青少年科学志趣,深入研究相关领域,包括学时与学期、课程种类、课程是否会取得大学学分、能否转化为高中学分、是否为先修课、课程难度、课程作业形式等),考核方式(包括参与者取得该课程合格的标准),学生课后活动(用来描述在此类科学活动之后,是否有组织、有计划的交流与互动,以促进参与者更好地融入团体)。

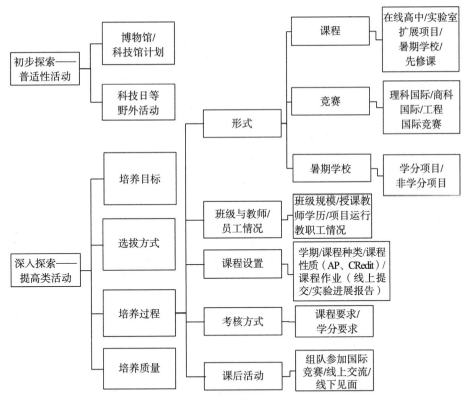

图6-13 国外青少年科技人才培养实践案例结构示意图

与"英才计划"类似,许多国家为带领学生深入体验科学研究过程、激发他们对科学技术的兴趣与热情,高等院校与其他科研机构都开展了实验室扩展计划（Pre-Collagiate Outreach）——这类计划的培养形式主要是将大学实验室向参与的高中生开放，使其能够提前感受科研过程，规范科学研究方法，启发科学兴趣。伍斯特理工学院先修计划（Worcester Polytechnic Institute's Pre-Collegiate Outreach Programs）为小学、初中、高中的学生提供了一系列优秀的 K-12 STEM（科学、技术、工程和数学）扩展项目，包括 STEM 入门课程到机器人和数学竞赛在内的学术课程一般由该学院教职员工和当地教育工作者提供。以暑期推出的为时一周的 LAUCH 项目为例，对于 9～10 年级的高中学生，老师引领他们利用最先进的技术，与 WPI 教师们一起寻找各种科学领域当前问题的解决方案。学生的参与方式可以是住宿或白天通勤两种，在这一项目中有各种科目的不同课程。

以《全民生物：公民科学》（Biology for All: Citizen Science）这一门课为例，重点研究土壤生态学和我们居住的环境中的微生物，参与的高中生通过将自己的发现整理进数据库这一方式，成为这一科学社区的一分子，在课程结束时，参与者的父母将被邀请到校园中共同制作液态氮冰淇淋，并一起观看学生的新发现。而《工程技术》（Engineering Technology）也强调实地亲自动手操作，学生走进 WPI 最先进的制造工程实验室，亲身参与到设备的设计和制造中，并在周末结束时将组件集合在一起。

WPI 的大学先修扩展计划拥有多名全职的专业教师来支持整个项目运转——项目设立了专门的协会，该协会主管曾多年活跃在中学教育一线，对初高中生互动有着极大的热情，同时，利用 WPI 教职工对学生进行课程指导，本科生担任辅导工作。

"英才计划"实施以来，学生参与度与满意度一直是项目关注的热点问题。将学生引入实验室无疑是帮助他们近距离接触科学研究、动手实践、增加参与感的一条重要路径，但单一的动手实验是略显不够的，高中生由大学导师与其研究生指导进行试验，遇到的盲点多、问题大，如何能够加强学生与老师、整个研究项目的联系，以达到促进学生参与研究的主动性与积极性？也许可以从 WPI 的扩展计划找到一些灵感——将研究项目的一部分独立交给学生，调动起学生动手实践的积极性与独立研究的能力，而不是为大学导师团队盲目地搬砖；

其次，邀请"英才计划"参与者家庭到现场观看学生成果汇报，学生的成长经历与收获更加一目了然，使家校联盟，更好地促进学生参与"英才计划"的后备支持与心理保障。

斯坦福大学的人工智能实验室推广计划（原名 Stanford Artificial Intelligence Laboratory's Outreach Summer Program，现更名为 Stanford AI4ALL）也展开了这一形式的活动，旨在通过为不同家庭经济条件和文化背景的 9 年级初三女学生开展一系列走进斯坦福 AI 实验室的扩展项目，来扩宽人工智能领域的多样性。这一项目的培养目标是激励未来的青年领袖认识、思考和使用人工智能，通过这一为期三周的课程—亲手实践—野外旅行—答疑等活动的结合，激发学生对 AI 领域的兴趣。

从选拔上来说，这一项目希望选出对 AI 有兴趣（但不需要 AI 或编程背景）、具备领导技能和潜力、对包容的多元环境有热情的学生，申请者需要提交自己在学校至少两年的成绩单、教师推荐（评价该学生在 STEM 相关科目中的表现和能力）、最新的标准化考试成绩单（ACT/SAT/TOFEL）、有关课程的兴趣简介、在这一项目中拟从事的工作等证明文件，总体来说，选拔的考量标准还是兴趣与成绩并重的。

从培养方式上来说，该计划在斯坦福大学人工智能实验室举行，并将对附近的公司和活动进行实地考察。每天的课程分为上午和下午，上午包括课程讲授和演示，是由斯坦福大学教师与本科生共同完成的。下午参与者进行 AI 亲手操作实验，在动手实验的过程中，本科生作为研究小组的指导与高中生紧密合作，三周结束时，每个研究小组展示自己的研究成果，进行考核。在周末，举办附近公司的实地考察及由业内赞助商主办的专题讨论会，以便学员可以了解 AI 的职业机会。

特别需要指出的是，这一项目的学费标准较高，人均 6000 美元，因此，项目主办方为学生提供了广泛的经济资助——在审核候选人资格时，无论申请者家庭收入如何都会被充分考虑，一旦申请者被录取，将被提供相应的经济资助（包括针对困难学生的助学金和表现优异学生的奖学金）。

"英才计划"的初衷是选拔一批品学兼优、学有余力、具有创新潜质的中学生走进大学，在著名科学家的指导下参加科学研究和实践活动，一些家庭条件较差、信息搜集能力弱或没有机会发现和挖掘出自身兴趣的学生群体没有进入选拔的范围。为了将更多有天分的学生与大学良好地衔接，可以考虑提供适当的经济资助。课题组在前期的调研中发现，"英才计划"学员多为家庭条件良好、知识水平较高的高中生，希望为更多县级中学中具有学科潜质的高中生提供机会，在斯坦福的案例中可以得到一些启发——将计划涉及范围推广至不同家庭背景学生，并为家庭困难学生提供经济资助。

此外，众多高等院校还展开了一系列线上课程，按照课程难度划分为大学水平课程与高中水平课程。斯坦福大学先修计划（Stanford Pre-Collegiate Studies）中的大学水平——在线数理课程（Stanford Pre-Collegiate University-Level Online Math & Physics，ULO）就是其中之一。许多高等院校都开展了一系列大学学分认证课程，包括斯坦福大学、密苏里达州立大学、西北大学等。ULO 项目的目标就是为了给具有学术潜质和积极的高中生们提供机会，使他们能够深入探索科学兴趣、培养逻辑分析和批判性思维，与领域内教师共同学习。以斯坦福大学为例，该项目开设了一系列针对 9～12 年级高中生的大学水平课程，科目主要涉及数学和物理。在线提前学习大学水平的相应课程后，学生将获取相应学分，但该课程与大学先修课不同，该学分不能抵扣大学学分（后文将详细描述）。从选拔来说，这一项目的申请较为宽松，每年有三个学期（秋季学期、春季学期和暑期课），但课程一旦开始学生就无法再申请学习。在培养方式上，该项目提供 13 门高中接触不到的课程，学生在线浏览平台上的课程资料，通常每周在每门课程上花费 8～12 小时，课下有固定的时间进行线上讨论。这一课程最大特点是课程进度主要由学生自主决定，同时，学生还有权利在工作时间选择一名教师，对课程中的难题进行线上交流和指导。在项目的考核上，每名学生必须在线上参加期中和期末考试，部分课程还有评分作业，在取得合格的评级之后，学生将取得斯坦福大学继续教育的学分。在大部分大学，该课程可以与大学先修课程一样抵扣大学必修课，但也有少数例外。需要注意的是，这一学分不能用于任何斯坦福大学学位，不是本科/研究生学分，但这一继续教育课程的学分在其他大学的继续教育课程中也同样适用（继续教育学分的性质是被承认为大学水平的，与斯坦福大学学分区别在于是否为在校学生）。

另外一种线上授课以斯坦福在线高中（Stanford Online High School）为例，这是一所独立在线高中，服务于学术上有天分、富有求知欲的 7 ～ 12 年级初高中学生。学校开展了包括科学、数学（计算机科学、经济学）、语言、历史、哲学的众多课程，这些课程被西方学校与课程协会（Western Association of Schools and Colleges，WASC）所认可，学分可以很容易转化为学生所在学校的课程学分。就选拔方式来说，这一项目的入学形式灵活多样，包括全日制（4 ～ 5 门课程）、非全日制（2 ～ 3 门课程）、单门课程，这一举措保证了那些有抱负的学生根据自己的时间安排，将在线高中作为自己全部或一部分学习的方式。由于在线高中需要保持小班研讨，因此其选拔是具有竞争性的，招生委员会从个人能力、基本条件和标准化测试三个方面来考核申请人的候选资格。每一位申请者都必须在申请截止前提供过去一年内的标准化考试成绩，包括 SSAT/PAST/SAT/ACT 等。

就培养方式来说，先进的视频技术将学生带入在线教室，学生们可以举手同讲师和同学进行交谈，对屏幕上的课堂材料进行注释，使用正在进行的文字聊天来引入自己的新思路，并在共享白板上与同学合作。同时，课程结束后可以浏览相应的网页来加深对课程材料的理解，在授课的过程中，教师用先进的教学工具和技术使每个学生都深入参与进课堂，视频让学生在研讨会期间看到他们的同学和导师，最大化课堂互动。在线研讨会平均每班 12 人，这一举措保证了学生通过实时讨论参与到课程的各个方面，教师也参与其中与学生相互交流。在课堂之外，众多合作课外活动培养学生和教师之间的持久关系——线上会面、面对面聚会、教育主题旅行等。每周，学生们和班主任会进行一次线上小组聚会，在半小时的会议中共同分享最新的学校讲座，讨论时事，通过非正式对话相互了解，推进学习，尤其是语言班一周会保证三次以鼓励学生语言技能的发展；同时，学生还可以在线上集会中展示自己最新的科学研究成果，这种方便快捷的线上社区还有很多类似的机会供参与者更好地融入在线高中。线下聚会和教育旅行的种类也非常多样，如未来想要申请麻省理工学院的学生就组织了名为 Splash & OHS Homecoming 的线下活动，将学生们聚集起来举行博物馆参观、微软体验、体育运动等，而线上高中的学生也积极参加数学科学奥林匹克竞赛、FTC 机器人比赛等。

在线高中的教师都是在相关领域已经取得博士学位的具有热情的大学教师，他们具有相当丰富的授课经验，受聘于斯坦福在线高中，其中博士学位教师占65%，硕士学位占比34%，学士学位占比1%。同时，该项目还有极具体系的员工团队，为在线高中的学术、社会、心理、个人发展、社区运作资金、行政、技术设施建设提供支持——配有专门的招生委员会咨询教师、为学生大学入学和课程选择、时间安排提供建议的学术咨询顾问、负责运营业务的行政人员、中学／高中辅导员、大学辅导员为学生提供心理和社交咨询，以及技术开发人员。这些员工大多是已经退休的教师，但具有丰富的教学经验，针对每个学生提供全套服务。

就考核方式来说，学生必须每年至少修够核心课程序列中的一门课程，同时还要在人文、社科、自然科学或数学这三个领域都完成一门大学先修课程，才能取得在线高中的毕业证书。就培养质量来看，目前，这一在线高中全部入学人数达 750 人，是较具规模的独立学校。除 SAT/ACT 考试之外，在线高中的学生参加了一系列大学先修课考试，截至目前，超过80%的学生得分在 4 ～ 5 分。

对于"英才计划"来说，以上两种线上课程带来的最大借鉴意义是新型的授课方式与课下师生之间、同学之间的课外活动，以此来建立持久联系。"英才计划"前期一些参与者反映了学生与导师的联系过少、导师给予的指导不足等问题。斯坦福在线高中给了我们很好的改进建议，将学员分班，每班设立班主任，实时参与到学生的互动与交流中；除此之外，利用新媒体手段开展线上研讨，这样就在一定程度上改善了部分教授没时间指导学生的现状，需要注意的是，这样的线上研讨班一定是小班规模，以此来保证每个参与的高中生都能针对自己的学术问题进行提问。

课程形式中的暑期学校项目也不容小觑。2000 年，阿拉巴马大学伯明翰社区推广发展中心开展了一项科学夏令营项目（Progressive 3-Year Summer

Science Institue），项目旨在选拔对科学有浓厚兴趣的高中生，培养科学兴趣、了解真实的科学、训练相关生活技能、奠定未来职业化发展。该项目采用渐进式的培养方法，为高中三个年级的学生设计不同的科学养成计划：准高一学生将会在 Biotech 科学研究机构进行为期 6 周的基本知识与实验技能的培训；准高二学生在 Chemtech 进行为期 6 周的进阶训练；准高三学生会在阿拉巴马大学教授专家研究人员及研究生的指导下开展为期 9 周的实习项目，亲身参与到学术科研课题的研究中。此外，所有学生都可以参加专家研讨会、参加校园、关于科学问题的道德辩论、数学英语工作坊等活动。所有学生在成功完成每个夏令营活动后会得到一定的资金奖励。❶

（二）培养效果

已有研究对以上几种类型的科学扩展类活动进行了评价——高中与公司、大学或其他的外部机构进行合作的课外动手类科学拓展活动有助于提升学生对科学、科技、工程数学四个基础学科的兴趣。研究数据涵盖美国和荷兰的 729 名高中生及 35 名老师和 12 个科学项目，多数学生认为此类活动是"具有凝聚力的""创新的""参与度高的"和"具有自主权的"，没有产生中性或者负面的分数与评价，活动达成了最初设置"启发学生科学兴趣"的目标。❷ 通过分析研究 8 所澳大利亚大学主导的科学拓展活动得到如下需要改进的地方：①活动目的大都比较模糊和宽泛，如提升学生科学兴趣、培养科学人才等，建议使用较为具体和明确的目标，如希望学生在哪些能力方面有所提升；②需要制定一套体系化的概念框架，明确培养方式、评估标准和监督机制与项目完成度；③此类项目需要加强来自校方管理层面的支持和监督；④缺少追踪数据，例如，参与项目的学生中有多大比例在大学时选择了相关专业或以此为职业。❸

---

❶ Rommel M J, Ronald H S A Critical Analysis of Faculty–Developed Urban K–12 Science Outreach Programs [J]. Perspectives On Urban Education, 2010 (srmmer):109–114.

❷ Vennix J, Brok P d, Taconis R. Perceptions of STEM–Based Outreach Learning Activities in Secondary Education [J]. Learning Environ Res, 2017: 21–46.

❸ Sadler K, Eilam E, Bigger S W, et al. University–Led STEM Outreach Programs: Purposes, Impacts, Stakeholder Needs and Institutional Support at Nine Australian Universities [J]. Studies in Higher Education, 2018:586–599.

　　最后，针对低龄学生的初步探索——普适性活动也有值得借鉴之处。众所周知，除了通过在学校中的正规教育来强化科学教育外，美国还注重通过非正规教育（学校外教育）来普及科学观念，对科技场馆和大众传媒在科学普及中的重要作用给予了高度重视。美国建立了一系列实现青少年与科技产品互动的科学中心，为青少年提供更加丰富多元的科学教育素材，使校内的科学课程标准与课外的科学探索紧密联系在一起。上文中提到的伍斯特理工学院先修计划（Worcester Polytechnic Institute's Pre-Collegiate Outreach Programs）针对不同年级学生引入不同的教学方法和观点——低年级学生（4～6 年级）的"火花计划"（SPARK Program）帮助学生探索并初步参与各种学科；而针对 7～8 年级的"点燃计划"（IGNITE Program），是在更深层次探讨细节的一项计划，引入了更多复杂的概念。

第七章

Chapter 7

"英才计划"的培养模式与特征

2013 年 5 月 "英才计划" 试点正式启动，在发展壮大的过程中，中国科学技术协会、各级省科学技术协会、中学、大学，都在积极探索符合项目初始目标的人才培养举措。虽然面临了一些问题和困惑，但一些大学、中学也探索出了一些有益的经验和特色。以下将简要总结这些经验和特色。

一、选拔和培养模式

（一）探索多种途径、多种形式，实现中学教育与大学教育的衔接

当前中学教育与大学教育存在着一定程度的脱节，在我国高等教育大众化、人才竞争日益激烈的新时期，建立大学教育与中学教育人才培养的衔接，是十分必要和迫切的。《国家中长期人才发展规划纲要（2010—2020 年)》，提出了未来十年 12 项 "重大人才工程"。对于优秀的创新人才，在大学设有 "基础学科拔尖学生培养试验计划"，在中学设有 "未来管理英才培养计划"。如何将两个人才培养计划有效地衔接起来，也是需要重点关注的问题。

"英才计划" 立足于推动我国大学教育与基础教育在青少年科技创新人才培养方面的衔接。为此，参与高校积极采取措施，促进 "英才计划" 与大学教育、"拔尖计划" 的衔接。

1.鼓励大学主动深入中学开展合作

厦门大学、复旦大学组织学生参加学校"拔尖计划"专家讲座及各类学术讲座、人文讲座，向"英才计划"学生开放暑期课程，使学生感受名家大师风范、开阔视野、启迪科学思维。上海交通大学与部分重点中学合作，建设早期拔尖创新人才培养基地，指导中学建设科技创新实验室，每周派高水平教授团赴中学开设讲座，指导中学生开展自主实验；建设创新素养课程体系（大学先修课程），英才学生可选修夏季学期课程，考进交大后拟认定学分。

在"英才计划"中表现突出的导师或助教，南京大学可以将这些导师或助教对中学生的培养工作纳入考评体系，参与奖教金评选等。山东大学将学生信息纳入高校综合教务系统，学生可以享受与在校本科生同等的多项待遇，使"英才计划"作为一项特殊的拔尖人才培养模式纳入高校常规管理中。

2.中学和大学共同设计英才计划培养课程体系

天津市实验中学在学校课程、地方课程、校本课程、奥林匹克竞赛课程和系列科技创新人才培养重点课程建设的基础上，依据英才计划学员的个性特长需求，依托高校、科研院所和本校教师共同研发制订英才计划课程体系并由教务处统筹协调纳入学校大课程体系和课时安排之中，同时在日常学科教学中加强科技创新人才培养的渗透与融合，进行科技创新人才培养与日常教育教学的深度融合实验，从而实现英才培养的课程化。

3."大师带学生"的师徒模式逐渐衍生出"副导师/双导师制""导师团队"等模式，吸纳中学教师、拔尖学生等加入导师团队

"英才计划"设立之初是希望中学生能走进大学，跟随自然科学基础学科领域的著名科学家参加科学研究项目、科技社团、学术研讨和科研实践等活动，在为期一年的培养过程中，感受名师魅力，体验科研过程，激发科学兴趣，提高创新能力，树立科学志向。但在实施过程中，存在部分导师时间难以保证、中学生知识储备不足等问题，影响了项目实施效果。因此，各大学也根据自己

的实际情况，对"大师带中学生"的师徒模式进行了调整，建立了副导师／执行导师／双导师制、导师团队、学长帮扶等模式。

南开大学建立了"导师、助教、学长"阶梯式导师团队，制订具体的培养计划，使学员通过与专家交流、参与相关科研探究项目、参加科技社团活动、参与学术研讨和科研实践等活动，感受名师魅力，激发科学兴趣，提高创新能力。吉林大学实行"拔尖学生带英才学生"的模式，让英才学子早日接触和了解"拔尖计划"，为拔尖人才的选拔提前物色"好苗子"，有助于实现中学和大学的衔接。

（二）兴趣导向型、联合培养型和项目导向型为"英才计划"的三种培养模式

"英才计划"注重从中学生的兴趣爱好出发，遵循因材施教原则，尊重科技创新后备人才成长规律，不断探索优秀学生培养的方式方法。目前主要有兴趣导向型、项目导向型和联合培养型三种主要模式，多样化的培养模式主要因学科、导师、学生兴趣而异。

兴趣导向型通常是指学生进入计划时尚没有明确的研究项目，仅仅是对某一学科表现出了浓厚的兴趣。导师的培养方式主要是指定阅读书目、组织参观实验室、参加学术沙龙、参与导师科研课题、听取学术报告等形式，以进一步巩固和加强学生对该学科的兴趣，进而帮助其找准目标和方向。

项目导向型通常是指学生在进入计划时已经有较为明确的科研课题或项目，在学期间主要是在导师的实验室里，通过导师的指导和帮助开展科学研究，完成研究课题或项目。

联合培养型是指针对那些个人兴趣爱好或科研项目属于交叉学科或边缘学科，由高校内部不同学科导师、不同实验室或校际间的合作共同培养的方式。

（三）中学设有专门的"英才计划"选拔小组，为项目实施提供了组织保障

英才学子输出的主要阵地是中学。中学承担着推举、选拔品学兼优、学有

余力、对基础学科具有浓厚兴趣的中学生之职。有些试点中学在组织架构上设有专门机构负责"英才计划"学生的选拔，并吸纳基础学科的优秀老师加入，这为项目的持续运转提供了组织保障。

比如，合肥一中的"英才计划"推荐评审委员会，对申报学生进行资格审查，并对符合条件学生进行学科素养能力考核，根据考核结果，好中选优，最终确立"英才计划"推荐候选人。合肥六中成立了以校领导和科技辅导教师以及学科竞赛教练员为主的"英才计划"推荐选拔评审小组，对平时有理想、有抱负、有责任感、身心健康、有明显专业兴趣和学科特长、有创新潜质等综合素质的学生进行实名推荐、选拔考核并组织面试，按照面试结果对报名的学生进行排序。天津市实验中学在"实验中学科技创新人才培养"领导小组、"实验中学科技创新人才培养办公室"的基础上，分设"英才计划"项目工作组，组长由科技创新人才培养办公室主任兼任，组员由各年级数学、物理、化学、生物、计算机奥林匹克竞赛教练员组成，同时吸纳优秀的五大学科中青年骨干教师作为项目工作组成员。

福建同安一中在中考招生结束之后，通过学校网站发布"英才计划人才遴选通知"，给学生提出了几个研究方向，如"一个想法""一个成果""一篇文章"，让学生自己确定一个自己感兴趣的方向做一些更深入的研究工作，从中可以看出学生对自己感兴趣的事物是否是真的带有研究的行为并能持之以恒，从而得出相关的结论和成果。高一开学之后，会从已经有一定研究成果的学生中进行作品收集，由学校的相应老师进行第一轮遴选，并对这些进入第一轮遴选的学生进行指导，再给出一个月左右的时间进行更正和修正，在第六周进行公开展示评比，评出最佳的作品，结合学生的兴趣方向和学业成绩进行推荐。

还有一些大学也加入了学生选拔的环节中。比如，武汉大学数学与统计学院除了安排导师及助教全程参与面试环节外，还特意邀请由学院教授、教学管理人员等组成阵容庞大的面试团，多角度地对学生进行全方位的考察，力图选择出最合适的指导学生。

（四）注重选择学科的前沿热点作为研究方向，激发学生的科学兴趣

通过聚焦前沿热点课题的研究可以引发学生的好奇心，从而激发学生的科学兴趣。比如，在化学教学中，注重理论与实践的结合，把化学与社会有机地结合起来，适时插入一些社会关注的热点问题。在物理教学中，通过介绍重大的新科技成果及进展、开展实验实践等方式激发学生对科技创新的兴趣，并转化成为他们创新活动的动力。在数学学科中，通过给学员介绍"李-约克（Li-Yorke）定理""沙科夫斯基序列"及"倍周期分岔现象"等前沿研究，让英才学员们兴趣盎然。

（五）注重导师对英才学员的引导，加强师生互动，提高学生参与的积极性

"英才计划"学生的培养周期为一年。在培养过程中，学生可以自主选择研究方向、研究课题。因此，各位名师因材施教，以学生兴趣为导向，根据学生的兴趣、特点、研究方向和课题制订培养方案，对学生进行指导。同时，各位导师还积极组织学生参加课题组讨论，聆听学术报告，带领学生参加学术会议、科学考察，让学生更深层次地了解科学发展前沿动态、掌握科研方法、开展科学研究。

课堂上，教师有着引路人的作用，对学生的好奇心、求知欲要加以爱护，打破中学阶段以老师讲授为主的授课形式，转变为以学生为中心的互动式、开放式的教学。教师逐渐从传统的灌输模式转变为师生互动模式，使课堂充满生机，并且经常鼓励学生对自己的观点进行勇敢的表达，学生的创新思维逐渐引导出来；鼓励学生去钻研，去尝试，去实践，尽量将学生对学习的积极性调动起来，使学生能够积极主动地参与到教学活动中来。

比如，在数学课堂上交流和讨论，教师主要是做听众，也可发表意见、见解或提出疑问，但不要追求结论的完美，要重视学生的参与过程，让学生在实

践中感受数学在生活中的价值。在生物实验的教学中，注重引导学生设计实验方案，让学生参与重演科学事实的产生过程，领悟科学探究过程和方法，激发学生的创新能力。

（六）注重加强英才学员之间的交流和合作，增强学员的归属感和凝聚力

传统课程教学实践课程太少，仅有的实践课程也设计得过于简单，难以培养学生的创新能力以及团队合作精神。因此，在各学科中，不仅加大了实践课程的比重，培养学生的动手能力，而且在课程内容方面，设计适当难度的课题，进行小组教学，让学生之间多交流，培养学生的团队合作意识。例如，在数学学科中，先让学生就某一问题思考需要调查哪些方面，由哪些人负责，然后具体分工，落实责任，在课堂上进行交流。在计算机学科中，定期举办小组形式的创新技能竞赛，学生只有相互合作，并且进行创新才能实现设计目标。

此外，由于选拔出来的英才学生来自不同的中学，由不同的大学导师负责指导，存在学员之间沟通少、管理散乱、学员归属感弱等问题。上海交通大学实施"编班"管理，每一个学生有一个专属学号，可自由进出图书馆，使用校内公共场所全覆盖的无线网络。对英才学生单独编班管理，不仅可以加强对学员的统一管理和辅导，也便于后续的追踪。

（七）重视科学素养的形成和科研能力的提升

科学素养培养包括文献阅读能力、科学问题思考能力、动手解决问题的能力、自控能力、与他人沟通的能力等。科研方法的培养包括课题设计和方案初选、研究过程的指导和跟踪、研究结果的讨论和总结、成果的展示。"英才计划"的培养环节主要由高校主导，科研的主要阵地也是在高校。英才学员通过与高校导师、部分本科生、硕士生、博士生及青年教师等科研团队的接触交流，参加学术研讨活动，不仅学会了表达自己的观点和论据，而且观摩了大学学术研讨思维碰撞的激烈，还训练了他们用严格的论文格式来撰写论文，学习排列

参考文献。通过为他们介绍论文的基本要素，让他们感受到科学研究的严谨和严肃。

"英才计划"龚敏导师组按照"激发科学兴趣、提高创新能力"的实施思路，在学生的培养环节按照科研的标准步骤："观察现象—设计实验—获得数据—提取模型—抽象理论"这一系列的过程来实施。又如，物理实践活动以问题为中心，培养学生自主学习、合作交流的能力，初步教给学生一些科学工作方法，如社会调查、科技制作、科学实验等。

（八）搭建国际交流平台，开拓学生科学视野

在加强国内培养交流的同时，全国管理办公室每年选拔学生走出国门，加强与国外青少年的科技交流，如选拔学生参加俄罗斯青年科学家竞赛、中日青少年樱花科技交流计划等国际交流活动。2017年，选拔学生参加了第68届英特尔国际科学与工程大奖赛、第29届欧盟青少年科学家竞赛、第59届伦敦国际青少年科学论坛、第29届丹麦青少年科学家竞赛等国际交流活动。在国际交流活动中，"英才计划"学生与国外著名科学家、优秀青少年进行交流，访问世界知名高等学府和研究机构，参观重点实验室，极大地开拓了科学视野。❶

二、"英才计划"参与学生的基本特征

（一）了解途径

由图7-1可得出，全部学生群体中，65%的同学通过中学老师了解"英才计划"，其次是中学海报/讲座（15%）和同学/学长（14%）；资优学生中，57%的同学通过中学老师了解"英才计划"，其次是中学海报/讲座（21%）和同学/学长（14%），通过大学老师讲座得知"英才计划"的比例很少。

---

❶ 徐延豪. 推进"英才计划"实施培养拔尖创新人才 [J]. 创新人才教育，2017(3):48-51.

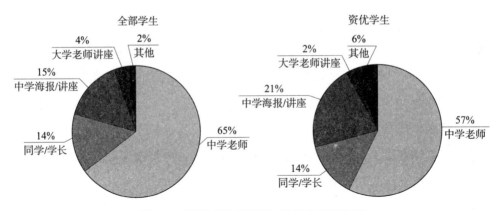

图 7-1 了解"英才计划"途径的分布比例

（二）学科与性别

在全部学生群体中，参加"英才计划"选择物理学科的学生最多，占 27%，其次是化学，占 20%，选择数学（占 18%）、生物（占 17%）和计算机（占 18%）学科的学生数量相当，具体所占比例如图 7-2 所示。另外，很多同学选择计算机科目只是为了能够进入"英才计划"而迫不得已选择计算机学科；资优学生在"英才计划"中各科目选择的人数比较均衡，选择化学学科的学生最多，占 23%，其次是物理和计算机，选择数学和生物的人数都占 19%。可以看到两类群体学员在"英才计划"中所学科目的比例都较为均衡，没有很明显的差异。

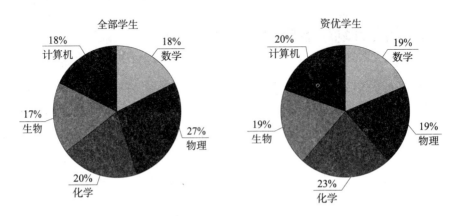

图 7-2 选择科目的百分比分布

从图 7-3 可以看出，全部学生中，男生选择物理学科的最多（29.5%），选择计算机的次之（20%），选择数学（19%）、化学（18%）和生物（14%）的比例相当；资优学生在"英才计划"中各科目选择的人数比较均衡，选择化和计算机的男生略多（24%），选择其他四个学科的比例相差无几。

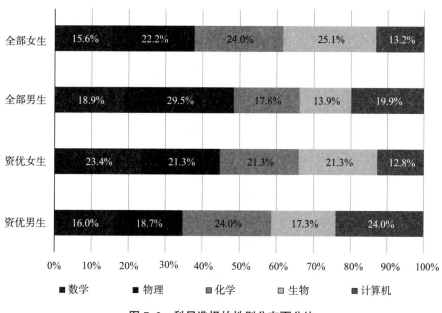

图 7-3 科目选择的性别分布百分比

（三）参与动机

两类群体学员参加"英才计划"的原因没有明显差异。由图 7-4 可知，全部学生中，87.8% 的中学生参与"英才计划"最主要的原因是出于对本学科感兴趣，次要原因是结交志同道合的同学（31.0%）、增加被大学录取的机会（21.8%），以及中学老师推荐（23.1%）；资优学生中，91.7% 的中学生参与"英才计划"最主要的原因是出于对本学科感兴趣，次要原因是结交志同道合的同学（38.1%）、增加被大学录取的机会（28.0%），以及中学老师推荐（22.9%）。

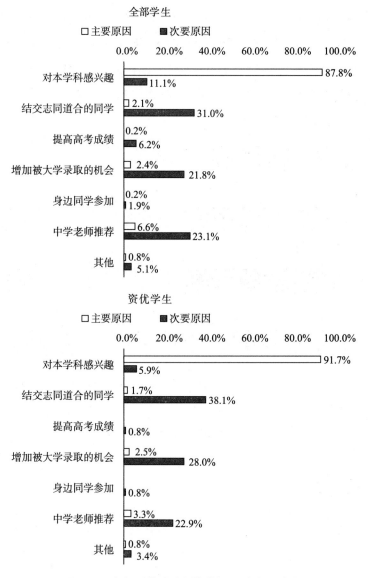

图 7-4　参与"英才计划"的原因分布百分比

三、中学老师的参与程度

如图 7-5 所示，全部学生和资优学生两类群体没有明显差异。在全部学生中，69% 的中学生认为中学老师在"英才计划"中对自己很有帮助，23% 的学生认为对自己帮助一般，很多中学老师对于学生的帮助内容集中于"英才计划"相关信息的宣传方面，以及信息的提供方面，认为帮助很少、没有帮助以及没有专门的负责老师的学生比例非常少；在资优学生中，53%的中学生认为中学老师在"英才计划"中对自己很有帮助，34%的学生认为中学负责老师对自己帮助一般，很多中学老师对于学生的帮助内容集中于"英才计划"相关信息的宣传方面，以及信息的提供方面，认为帮助很少，没有帮助（3%）以及没有专门的负责老师（2%）的学生比例很少。

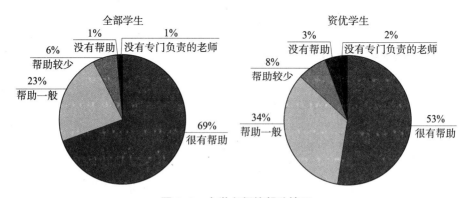

图 7-5　中学老师的帮助情况

如图 7-6 所示，从全部学生的评价来看，中学负责老师在数学以及化学的帮助更大，从资优学生的评价来看，认为生物老师帮助最大的比例最高。

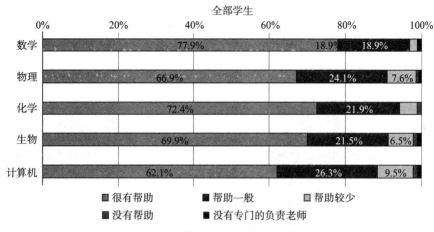

图 7-6　分学科中学老师的帮助作用

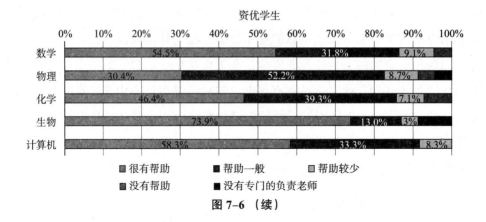

资优学生

图 7-6 （续）

四、大学导师的指导情况

（一）学生对导师的了解程度

由图 7-7 可知，全部学生数据中，38% 的中学生在选择导师前对大学老师是比较了解的程度，35% 的中学生表示一般，18% 的中学生表示对大学导师不太了解，少部分的学生表示非常了解和非常不了解。学生参与"英才计划"之前，对将要选择的导师的情况还不是特别了解，虽然有同学反馈："计划里面有提供这些要选导师的材料，但没有带队老师给你做一些指导或培训"，还是需要自己上网搜集信息；资优学生中，认为在选择导师前对大学老师是非常了解的比例下降了 4%，认为比较了解和一般了解程度的学生所占比例均为 36%，23% 的中学生表示对大学导师不太了解，少部分的学生表示非常了解和非常不了解。

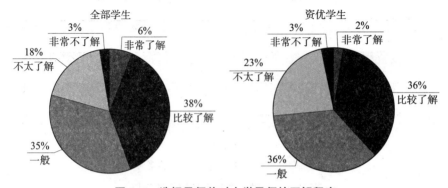

图 7-7　选择导师前对大学导师的了解程度

(二)导师指导次数

全部学生在"英才计划"项目实施过程当中,大学导师、导师的博士生和硕士生对于中学生都有过指导,其中,65.9%的学生指出大学导师的指导次数最多,一部分学生指出导师的博士生(20.8%)和硕士生(10.5%)指导次数最多;资优学生在"英才计划"项目实施过程当中,大学导师、导师的博士生和硕士生对于中学生都有过指导,其中,49.2%的学生认为大学导师的指导次数最多,一部分学生认为导师的博士生(27.9%)和硕士生(17.2%)指导次数最多。资优学生与全部学生群体相比,大学导师的指导次数略少,但是导师的博士生和硕士生对学生的指导次数相对更多(如图7-8所示)。

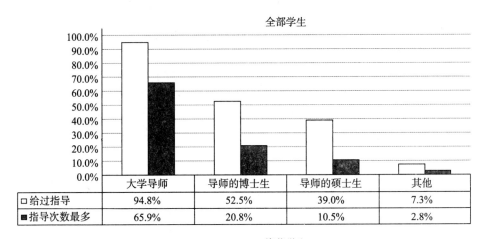

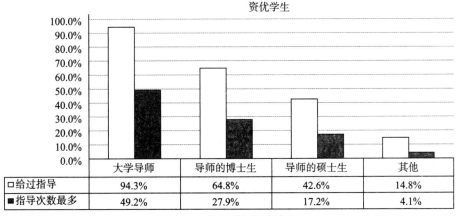

图7-8 大学导师指导情况

（三）导师指导人数

两类群体数据中，大学导师指导的学生个数集中在 2～5 个人左右，指导的学生个数为 1 或者 6 个以上的情况很少。全部学生导师指导 2～5 人的情况占所有类型的 79.8%，而资优学生是 87.7%，资优学生导师指导 3 人的比例（33.6%）要远远高于全部学生（21.8%）(如图 7-9 所示)。

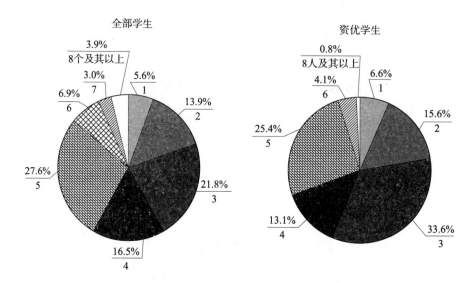

图 7-9　大学导师指导的学生个数百分比分布

（四）师生交流机会

由图 7-10 可知，两类群体中学生与大学导师见面交流的次数集中在一年 8 次及以上，全部学生中的这一比例占到 60.6%，资优学生的这一比例显著更高，占 83.6%。侧面说明见面次数对学生的发展具有正向积极的作用。

由图 7-11 可知，两类群体学生主要都是和大学导师提前约定见面时间，只不过资优学生比例略少，但是资优学生群体与全部学生群体相比，自己主动联系导师的比例有所上升，说明资优学生相比其他学生在学习方面的积极主动性更高。

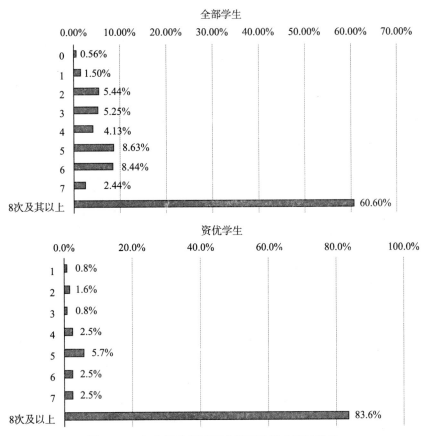

图 7-10 与大学导师见面交流的次数分布百分比

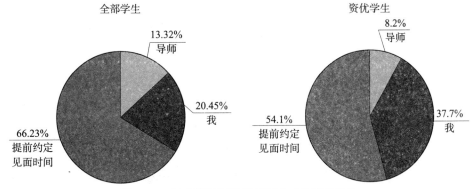

图 7-11 与大学导师约定见面方式分布百分比

由图 7-12 可知，全部学生数据中大学导师的指导方式以集体指导为主

（63.2%），36.8%的中学生表示是一对一的指导方式；资优学生中则有高达59.8%的比例表示大学导师是一对一的指导方式，这从一个侧面说明一对一指导的效果可能优于集体指导。

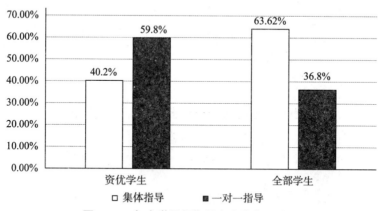

图 7-12 与大学导师指导方式分布百分比

由图 7-13 可知，两类群体数据的大部分中学生都表示与大学导师交流的主要方式是面对面交流，次要方式是网络聊天或电子邮件，电话或者短信的交流方式较少。

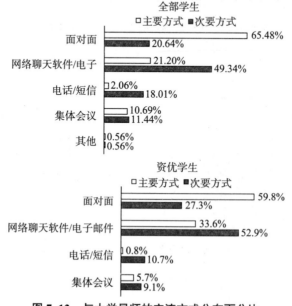

图 7-13 与大学导师的交流方式分布百分比

（五）导师帮助程度

资优学生与全部学生相比，认为导师在查阅相关资料以及自主设计实验方面很有帮助的比例更大，而在参观大学实验室、参与大学老师的课题研究，以及讲座方面很有帮助的比例较小；且认为大学导师在各个方面没有帮助的比例也较小。

具体来看，由图7-14可知，全部学生数据中，一半以上的学生都表示在查阅相关资料（73.6%）、参观大学老师实验室（72.4%）、参与大学老师的研究课题（55.7%），以及自主设计实验（60.4%）和讲座（63.4%）方面都很有帮助；资优学生中，在大学导师对中学生的帮助程度方面，绝大部分的学生都表示在查阅相关资料（75.4%）、参观大学老师实验室（62.0%）、参与大学老师的研究课题（52.9%），以及自主设计实验（71.3%）方面都很有帮助。

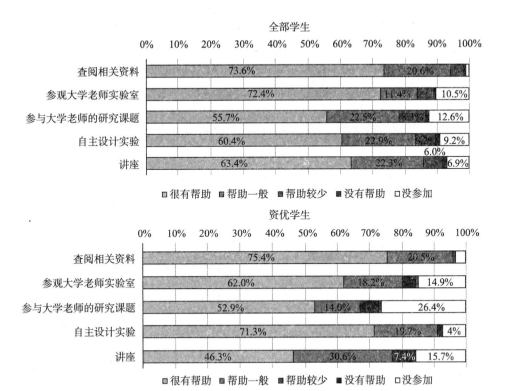

图7-14 大学导师帮助程度分布百分比

由图 7-15 可知，两类群体数据中绝大部分的中学生表示没有想过要更换导师，极少一部分学生曾想过要更换导师。

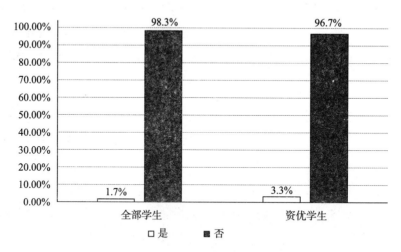

图 7-15　是否想要更换导师分布百分比

由图 7-16 可知，通过对比两类群体数据可以明显发现，资优学生和全部学生中均有九成以上认为导师非常重视成长或比较重视。

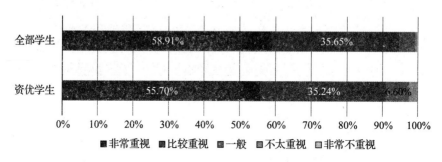

图 7-16　大学导师对"英才计划"的重视程度分布百分比

由图 7-17 可知，全部学生中，生物和数学学科学生认为大学导师非常重视英才计划的比例最高，超过 60%，资优学生与比类似，除生物和数学外，化学学科学生认为大学导师非常重视的比例也超过 36%。

本部分研究通过比较全部学生和资优学生的特点来分析"英才计划"的实施效果，研究主要得到以下发现。

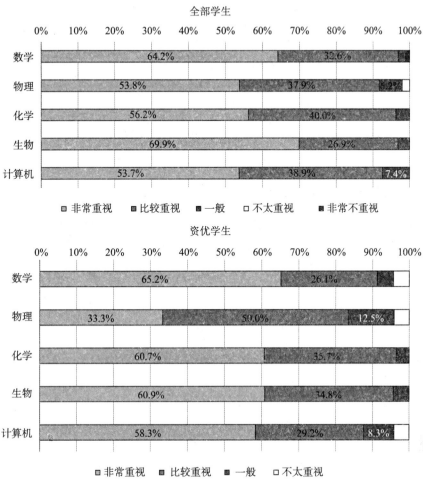

图 7-17 大学导师对"英才计划"重视程度的学科分布百分比

第一，两类群体学员中，绝大多数同学是通过中学老师了解"英才计划"的，很少通过大学老师讲座得知，超过一半的学生表示在选择导师前对大学老师不太了解或了解一般；绝大部分中学生认为中学负责老师在"英才计划"中对自己很有帮助；与全部学生群体相比，资优学生当中从中学老师了解"英才计划"的比例较小，而通过中学海报/讲座得知"英才计划"的比例较大。

第二，在"英才计划"项目实施过程当中，大学导师、导师的博士生和硕士生对于中学生都有过指导。其中，大部分学生指出大学导师的指导次数最多，大学导师指导的学生个数集中在 2 ～ 5 个人，指导方式以一对一指导为主，其中资优学生进行一对一指导的比例比全部学生群体比例要高，一定程度上说明导师一对一指导方式可能更有利于学生的培养；大部分中学生是和大学导师提前约定见面时间的，与导师见面交流的次数集中在一年 8 次及以上，交流的主要方式是面对面交流，近一半的学生指出导师的博士生和硕士生指导次数最多。

第三，在大学导师对中学生的帮助程度方面，资优学生反映大学导师的指导次数较少，导师的博士生和硕士生对学生的指导次数较多；具体到各项能力方面，资优学生与全部学生相比，认为导师在查阅相关资料及自主设计实验方面很有帮助的比例较高，而在参观大学实验室、参与大学老师的课题研究以及讲座方面很有帮助的比例较低；且认为大学导师在各个方面没有帮助的比例也较低。

第八章

Chapter 8

"英才计划"的实施效果

入选"英才计划"的学生普遍是比较优秀的学生，这些学生经过"英才计划"的培养，掌握了基本的科研技能，对所研究领域有深入了解。有的学生还完成了研究课题，发表了科研论文，在国内外科技竞赛中获得奖项或者申请了专利。通过对第一批"英才计划"培养的583名学生高考情况统计显示，66%的学生都考入985高校，10%的学生进入211高校，也有10%的学生直接到欧美著名高校学习。接下来，让我们通过时"英才计划"参与学生的调查来深入了解一下"英才计划"的实施效果。

一、能力提升

在学生未来的学术发展中，一些能力和素质具有非常重要的作用。这些素质和能力应该作为中学生"英才计划"必然的培训内容。

（1）思想品德，包括爱国、诚信、守法，社会责任感，环保意识和可持续发展意识。目前，中国科学技术协会组织的暑期活动比较好地包含了这些方面的要求，更多的爱国主义教育基地、科技馆、纪念馆等参观学习活动也可以纳入到"英才计划"培养计划中来。

（2）科学态度与科学精神，包括实事求是、严谨扎实、创新意识、遵守学术道德的意识。在培训过程中，通过引导学生对一些科学问题进行深入讨论，自己查找资料进行分析，通过实验进行研究等方法，也通过科学方法和科学道德讲座，培养学生的科学意识和科学精神。

（3）科研素质和能力，包括综合设计实验的能力、文献查阅和批判阅读的能力、遵循规章制度并安全使用仪器设备完成实验的能力、严谨操作并细致观察和规范记录等能力、系统分析数据和归纳总结的能力等，并在此基础上培养良好的科研工作习惯。由于科研素质和能力的重要性，要求物理、化学、生物学等实验性学科的学员，必须开展实验研究。通过师生讨论，学生提出并确定一个科学问题，而后综合考虑相关知识和要求设计方案，在导师和导师小组的指导下完善方案，实施实验。在实验过程中学习实验规程和实验操作，学习如何记录实验数据，如何分析数据的可靠性，如果对实验结果进行归纳总结，如果对现象和结果进行讨论，如果撰写合乎规范的实验报告甚至研究论文，使学生独立完成一个小的实验研究课题，并由此了解科研的基本过程。

（4）沟通合作能力，包括有效沟通、协调和合作能力，以及书面和口头表达能力。"英才计划"给学生提供了非常多的沟通交流机会，包括选拔前申请材料的准备、面试、提交讨论报告、参加师生见面会进行报告和交流、汇报实验进展、撰写实验方案、实验报告、研究论文、中期检查、申请参加活动的申请、参加国内和国际交流等培养学生书面、口头表达的机会非常多，这就使得"英才计划"学生受到了比较全面的培训。

（5）自主学习能力，包括培训学生自主学习能力，主要通过引导学生开展课外读书活动，引导学生对课堂听讲、课外阅读、参加学生报告或者交流活动中发现的问题独立进行思考，自主学习大学相关内容或者阅读专著等。将这些环节纳入培养方案是必要的，也会取得意想不到的效果。

在我们的问卷调查中，主要侧重考察的是科研能力和学科兴趣。可以看出，中学生参与"英才计划"后各项能力都有较大提升。首先，全部学生表示反思接收的信息、考证信息来源的能力提升最多；其次，审慎他人观点是否合理、学科兴趣和快速找到对问题有用材料的能力得到提升；最后，提升了寻找问题标准化的能力。资优学生大部分学生都表示学科兴趣明显提高（73.0%），独立完成实验（73.6%）、快速搜索材料和答案（69.7%）、审慎他人观点逻辑（65.6%）和反思接收信息的能力（77.0%）明显提高；具有独立完成实验能力项目调中，20%～30%的学生表示略有提高，极少部分学生表示没有变化或者略有下降（如图8-1所示）。

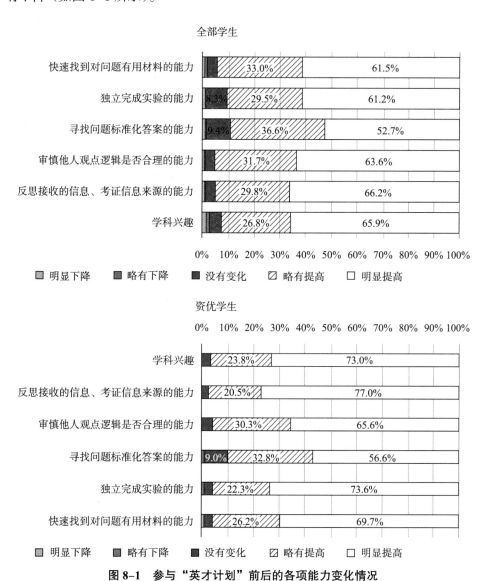

图8-1 参与"英才计划"前后的各项能力变化情况

二、满意度评价

（一）"英才计划"是否实现参与项目前的预期

"英才计划"是否实现参与项目前的预期能够在一个侧面反映实施效果。认为完全实现项目前预期的资优学生占43.4%，高于全部学生（34.15%）。在学科分布方面，两类群体没有明显差异。全部学生在是否实现项目预期的观点上，各学科分布没有显著差异，五个学科都基本实现学生的预期。资优学生中没有学生认为"英才计划"完全没有实现参与项目前的预期，五个学科都基本实现学生的预期，计算机学科的学生认为完全实现比例显著低于其他学科，为（25.0%），生物学科为56.5%，数学学科为60.9%（如图8-2所示）。

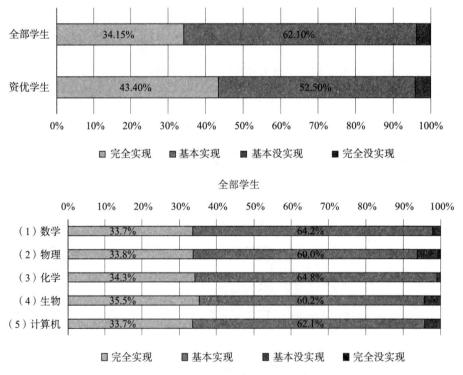

图8-2 "英才计划"是否实现参与项目前的预期的学科分布百分比

资优学生

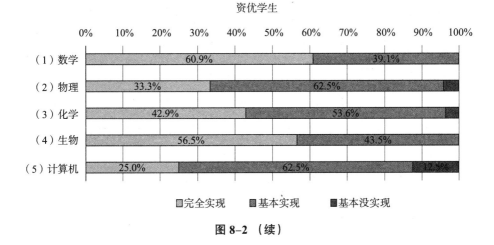

图8-2 （续）

（二）对"英才计划"的满意度评价

由图8-3可知，关于参与"英才计划"的中学生对于"英才计划"整体情况的评价，全部学生中超过一半的学生（61.4%）表示非常满意，36.9%的学生表示比较满意，极少部分学生表示不满意。资优学生中，大部分学生（68.9%）表示非常满意，29.5%的学生表示比较满意，没有学生表示不满意。

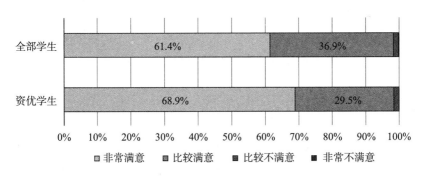

图8-3 对"英才计划"的整体情况的评价分布百分比

（三）不同年级学生的整体评价

由图8-4可知，全部学生中，高三年级学生非常满意的比例最高（72.4%），其次分别是高一（67.9%）和高二（58.7%）；资优学生中，高一年级学生都表示非常满意，随着年级增长，非常满意的比例逐渐减少，高二为 70.4%，高三为 53.8%。

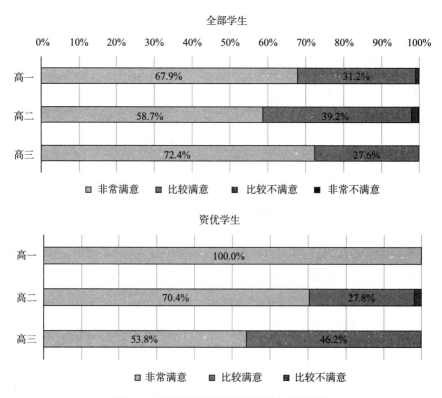

图 8-4　不同年级学生整体评价分布百分比

（四）不同学科学生的整体评价

由图 8-5 可知，不同学科的学生整体评价都较为满意，学科之间并不存在显著差异；在资优学生数据中，不同学科的学生整体评价都非常满意和较为满意，学科之间也不存在显著差异。

（五）不同交流方式学生的整体评价

由图 8-6 可知，两类群体学生在不同交流方式上的整体评价没有明显差异，绝大部分学生都表示满意，只是资优学生有极少部分同学认为比较不满意，没有同学认为非常不满意，这和全部学生的评价略有不同。

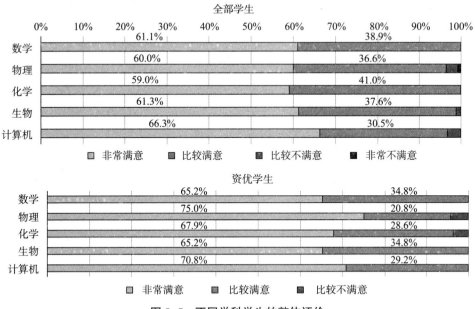

图 8-5　不同学科学生的整体评价

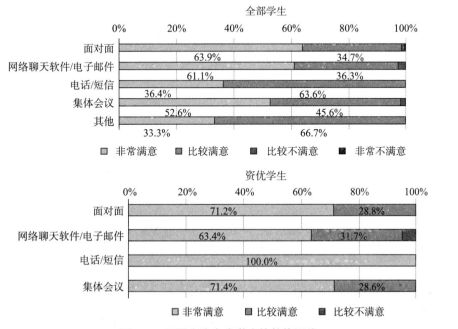

图 8-6　不同交流方式学生的整体评价

三、专业志向与归属感

由图 8-7 可知，将近一半的中学生希望大学就读专业与"英才计划"学科非常相关，超过一半的学生希望比较相关，极少部分学生因为个别原因希望不相关。

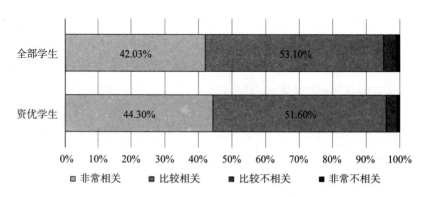

图 8-7　希望大学就读专业与"英才计划"学科的相关程度分布百分比

由图 8-8 可知，绝大部分（98% 以上）的中学生会推荐身边同学或学弟学妹参与"英才计划"，其中全部学生中有 0.4% 的学生表示强烈不推荐身边同学或学弟学妹参与"英才计划"，而资优学生没有学生表示强烈不推荐。

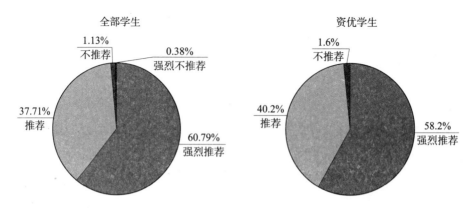

图 8-8　是否会推荐身边同学或学弟学妹参加"英才计划"

四、"英才计划"实施效果的群体差异

为了了解哪些因素能够提高学生对"英才计划"的满意度，研究以满意度作为因变量，以学生的个体、家庭、学校特征等为自变量建立了计量回归模型。

由表8-1可知，选择大学导师之前对导师的了解程度、与导师见面之前的联系主体、高一时的年级成绩排名、导师指导方式及母亲工作类型在0.05的水平上具有显著性。选择大学导师之前对导师了解程度这一项的系数为0.277，表示对导师越了解，学生对项目越满意；与导师见面前的联系主体这一项的系数为 -0.216，（选项"1"为学生联系，选项"2"为导师联系，选项"3"为提前约定时间），说明提前约定见面时间有利于提升学生的满意度。

表 8-1 "英才计划"整体评价异质性的回归结果

模型系数	未标准化系数		标准化系数	t	显著性
	系数	标准误差			
（常量）	1.340	0.584		2.295	0.024
性别	0.134	0.093	0.129	1.440	0.153
选择大学导师之前对他/她的了解程度	0.158	0.053	0.277	2.962	0.004
正在就读的年级	0.215	0.154	0.128	1.395	0.166
所在的班级是否属于重点班/实验班/素质班/创新班等	−0.102	0.160	−0.068	−0.641	0.523
家庭年收入	0.062	0.059	0.105	1.051	0.296
父亲最高学历	−0.056	0.053	−0.128	−1.056	0.294
母亲最高学历	−0.072	0.044	−0.202	−1.634	0.106
与导师见面前的联系主体	−0.174	0.072	−0.216	−2.417	0.018
导师指导方式	−0.160	0.093	−0.155	−1.716	0.089
高一时的年级成绩排名	0.188	0.071	0.281	2.647	0.010
父亲工作类型	−0.019	0.017	−0.115	−1.102	0.273

续表

模型系数	未标准化系数		标准化系数	t	显著性
	系数	标准误差			
母亲工作类型	−0.031	0.015	−0.208	−1.999	0.048
中学负责老师的帮助程度	0.073	0.049	0.137	1.494	0.138

　　高一时的年级成绩排名这一项的系数为 0.281，说明高一时成绩越好的学生对项目越满意；母亲工作类型对学生满意度影响显著为负 **❶**，表明母亲职业与学生满意度之间存在一定的关联，其中母亲从事管理及技术类职业的学生可能对项目的满意度更高。

---

❶　1 ——行政管理人员（处级或县乡科级以上干部）；2 ——各类经理人员；3 ——机关、企业、事业单位办事人员；4 ——专业技术人员；5 ——个体工商人员；6 ——商业服务人员；7 ——私营企业主；8 ——工人；9 ——农村进城务工人员；10 ——农（林、牧、渔）民；11 ——离退休；12 ——无业、失业、半失业；13 ——其他

第九章

Chapter 9

"英才计划"的发展方向

"英才计划"在中国的发展方兴未艾，对中学与大学的教育衔接起到了一定的积极作用。未来，"英才计划"还可在以下方面持续发力以扩大影响力。

一、学生选拔

第一，继续加大项目宣传力度，扩大项目的影响力。随着"英才计划"的不断推进，项目效果逐渐凸显，一些优秀学生的示范作用也在慢慢提升，通过微信公众号、科学家进中学等方式的宣传也在中学中产生了积极的影响而对优秀学员的后续追踪也有利于形成榜样的力量，扩大项目的影响力。同时，作为科技育人活动，"英才计划"影响力的发挥还需要进一步获得教育部门及大学的支持，尤其是伴随着新高考的全面普及，三位一体的招生覆盖面越来越广，"英才计划"可以成为高中学习评价的一个组成部分。

第二，对学生的选拔更加侧重对科学兴趣和好奇心的过程性考察，减少对学习成绩的结果性考察。科学兴趣和好奇心是创新人才自主性成长的重要先决条件，但对其的考察难以通过一次性的考试或遴选而实现，需要过程性的完整评价。最熟悉学生的莫过于各学科的中学老师，建议加强中学老师考察和推荐的权重，适当延长考察和选拔的时间段。例如，考虑在中考招生结束之后通过学校网站发布"'英才计划'遴选通知"，明确提出过程性考察的要求，感兴趣的学生在学科学习的过程中提出自己感兴趣的研究方向，比如"一个想法""一个成果""一篇文章"，让学生通过自主性探索逐渐明确自己感兴趣的方向。

第三，扩大"英才计划"项目的覆盖范围，增加公平性的考量。扩大试点范围，增加体量，惠及更多的学生；扩大覆盖面，更多向中西部地区倾斜；扩大受助面，在名额保持不变的前提下，可以扩大选拔范围，在更多的中学推广。

二、学生培养

第一，重视学生个人发展，尊重学生专业取向。前文已经提到，部分学生在学习期间出于多方面考虑从基础学科转向计算机学科。但也应该考虑到学生的内在驱动力即真正的兴趣所在。作为中学生，其自身生涯规划并不清晰，在真正了解之后很有可能发现并不是自己所擅长的学科，或者对两个学科都很感兴趣，因此，在"英才计划"学习期间，可以鼓励学生在时间允许范围内，不断寻找自己持续性的兴趣，确定最终的专业取向。"英才计划"是为优秀学生提供条件、创造环境，以及加以引导，以培养出基础学科的拔尖人才，自主选择，让学生能够自由选择"学什么"是第一要义。

第二，尝试鼓励团队小组的学习方式，加强学生之间的同伴效应。一项科研项目的完成一定离不开团队的协同努力，而从国内外关于教育培养的研究来看，学生之间的同伴影响可能是比教师影响更为重要的因素。目前，"英才计划"的参与者都是以个人身份的形式参与，这在一定程度上限制了项目的质量，也隔离了同伴之间的影响。在调研国内外相关科技活动时也发现以团队身份参与项目的案例不胜枚举。建议尝试鼓励2～3个学生可以自主组队，共同加入到某个导师的研究团队，增加学生之间的互动、挑战与支持，进一步激发学生的积极性和主动性。

第三，由单一的一对一指导转变为导师团队共同指导。针对目前普遍存在的知名导师指导时间和精力的问题，建议设立副导师机制，副导师的人选可以是导师科研团队中的年轻老师或高年级博士生，这些老师从精力、时间、工作任务方面都相对更为轻松灵活，对参与"英才计划"的积极性和热情也会更高。

为了增加副导师的积极性，可以考虑颁发导师聘书。

第四，强调体验参与式的科研活动。从青少年发展规律来看，高中学生仍然处于认知的不成熟和兴趣的不稳定阶段，在这一阶段不断强化学生的科学兴趣对其未来的大学专业选择和职业发展具有重要的作用。而体验参与式的科研活动被认为是提高兴趣的重要手段，"英才计划"的项目定位与之一致，但需要强调学生参与的科研活动不需要"高大上"，需要的是"接地气"，不管是多么细小的研究问题，只要学生能够"沉下来""投进去"，就能有真正的收获。

第五，尝试地区间联合培养模式。不同地区学员在所属高校的组织下通过多次沟通、见面学习会的形式，学员之间互相学习、共同进步，将阶段进展交流会的频率增加，并将其范围由一个高校、一个导师扩大到地区之间、高校之间，通过这样地区间的有效交流，高校之间互相借鉴经验，学员之间分享经验。"英才计划"现有的科学营活动，就是良好的契机，建议科学营增设学生互相交流的环节，打破目前相互竞争"优秀营员"的局面，建立相互合作、团队竞争的机会，培养学员的创新意识和团队精神。

三、培养效果评价

第一，加大过程性的监督与评估，减少结果性评价的权重。从人的发展的规律来看，处于高中阶段的学生做出高质量的研究非常困难，且地区间的教育水平的差异、学生之间的差异性都很大，仅就项目结题汇报来评价"英才计划"的培养质量并不全面。建议转向项目开展过程的动态时时评价，注重对学生学习兴趣、提出问题解决问题的能力、自主性探索性学习的能力、科学素养的提升等方面的考察。最终的评选结果可以改变以往"优秀学员"的单一评价，转而设立"自主探索奖""独立精神奖""动手实践奖""创新精神奖"等单向奖励。学生在上述任一方面的提升都是"英才计划"培养质量的具体体现，这种多元化的评价也更能激励学生在该领域继续发挥特长。

第二，吸纳往届优秀学员加入评审环节，既有利于建立长期联系，也能实现多元化多维度的评估。目前，对优秀学员的评估都是"英才计划"的导师，这种评估更类似于自上而下的评估方式。在 360 度评价理论中，同级评估和自下而上的评估也是重要的补充。吸纳往届优秀学员加入评审，或者设置一个专门的交流环节，更能从学生的视角交流学习经验，促进学习效果。这也有利于追踪往届学生，在学生与项目之间形成长久而密切的联系。

第三，除在学生中开展优秀评选外，也建议每年在中学负责老师中评优，推选出积极负责的老师，起到引领示范的作用。课题组的调研发现，在"英才计划"实施过程中，中学老师所能发挥的作用有限，这与其日常工作繁忙、参与积极性不高等问题有关。而中学老师在学生中的威望和辐射作用都不容忽视。因此，建议采取一定的表彰办法提高中学老师的积极性，加大"英才计划"在学生中的认可程度。

四、实施长期追踪与评价

（一）基本理念

青少年发展有其特殊的规律，创新人才的培养也有规律可循。"英才计划"经过五年的发展，已经逐步摸索出一系列提升学生参与积极性的模式。从对学生的调研来看，绝大部分学生表示非常满意，通过参与"英才计划"，各项能力都有较大提升，包括反思接收的信息、考证信息来源的能力、独立完成实验的能力、学科兴趣、快速找到对问题有用材料的能力。

增强学生对项目的归属感、实现对英才学生的长期追踪，都应以不断完善项目学生的学习体验、提高项目学生在"英才计划"中的收获、提升"英才计划"在中学和大学中的影响为基础和核心。从这个角度来说，"英才计划"的追踪方案不应仅仅局限于技术手段和行政命令手段，而应更多地从完善项目本身的角度入手，不断扩大项目影响、提高项目培养效果。只有学生认为项目对自己有用，将来才会有持续参与的积极性。因此，不断通过国际比较、实地调研、数据分析等方式发现项目中可以改进之处，并秉承"持续改进"的理念积极推进"英才计划"不断升级，才是实现项目长久生命力的关键。

"英才计划"的学生都是"00后",这个群体既有一般青春期少年的叛逆,也有突出于其他群体的独立、自信、开放和自我,同时还是"互联网的原著民"。因此,在追踪方案设计的过程中,应注重以丰富的活动和资源为抓手,由自上而下的"命令执行"方式转变为自下而上的"主动吸引"模式。"英才计划"的主办方不再是后续活动的主导者,而应转型为平台的搭建者、信息的传递者,突出"以学生为主体""以学生为中心"和"学生自治"的平台特色。

(二) 模块设计

基于上述分析,本书提出建立一个集推广宣传、项目管理和追踪服务为一体的"英才计划"App,其具体模块如下。

App的入口端可以根据人群身份分为几类:英才学生、英才毕业生、英才导师、大学管理者、中学管理者。这几类群体分别选择相应的入口后,可以看到每个群体对应的模块。几类群体共有的模块有:

(1)新闻动态。实时发布和推送"英才计划"的最新动态,包括项目推介、最新活动、科协青少年科技中心的最新活动等。

(2)学科前沿。按照"英才计划"的五大学科,发布一些最新的研究动态或研究成果,这个模块可以由学科负责人委托的研究生团队负责。

(3)英才风采。不定期介绍优秀"英才计划"学生的项目成果、项目体验等。目前"英才计划"公众号的内容可以加入。

(4)导师风采。介绍英才导师的科研方向、科研团队、最新科研进展、曾经指导过的"英才计划"学生简介,一方面帮助学生提前了解导师,另一方面帮助学生了解各个研究领域的科研动态。

(5)互动模块。建立类似微信群或BBS交流平台,可以按学科分组、按中学分组、按照大学分组等建立各种子群体。导师也可以通过这个平台实现在线答疑、远程指导等。

除了共有模块之外,不同群体还可以设置个性化模块:

(1)针对英才学生的项目管理模块,包含报名入口、个人陈述、导师预约、活动日志、项目总结等,这些内容都可以由学生自我管理并上传相应的资料。

由此，通过 App 实现对学生学习过程的动态监测。

（2）针对英才毕业生的后期管理模块，包含后期资助（本科生科研）、国际交流合作、学业和职业发展规划等，为毕业生持续的后续帮助和辅导，同时鼓励毕业生参与到在读学生的项目评审中。

（3）针对导师的评审模块，导师可以随时上传对学生学习的过程性评价、对优秀学员的初审意见等。

（4）针对中学和大学管理者的模块，包括提交对报名学生的评审意见、帮助"英才计划"联络学生等。

（三）实施方案

第一阶段：充分调研各个群体对 App 的需求，搭建初步的系统构架，与技术部门探讨技术的可行性。

第二阶段：开发 App 的同时，借助地方科协和中学的力量，尽可能获得毕业学生的最为准确的联系方式，包括在读学生和毕业学生。

第三阶段：通过一系列管理活动、科研活动、评优活动，培养学生和导师的 App 使用习惯，注重线上与线下活动相结合，不断增加学生对 App 的认可度。同时，以优秀学员为学生志愿者（或积极分子），鼓励其成为具体伙伴团体中的领袖，承担该组织群体的统筹管理职责，成为此类相对正式会员组织与科协管理之间的衔接者。

第四阶段：注重持续积累 App 后台管理数据，定期分析学生的学习行为数据，并将其与学生的长期发展建立联系，为"英才计划"的不断完善提供研究分析支撑。

下篇
高中毕业到大学适应

第十章　大学本科新生适应及其教育活动

大学本科新生适应及其教育活动

　　本科新生适应教育最早可以追溯到 16 世纪中期，时任哈佛大学校长的 Henry Dunster 专门组织导师和毕业生为新生提供咨询。❶ 此后，美国大学在新生适应教育方面持续推进，到 19 世纪末许多大学都开设了相应的新生入学教育，入学教育研讨会（Orientation Seminar）的概念开始出现。20 世纪 30 年代左右，约有 1/3 的大学为新生开设了新生研讨会（First-Year Seminar），到 20 世纪 80 年代前后，新生体验（First-Year Experience）的概念被正式提出并逐渐成为关注热点，最初特指新生研讨课程（Seminar Course），后来泛指"所有帮助新生从中学过渡到大学及成功学习的策略、战略、课程以及服务，是本科生在第一年的经验总和。"❷ 因此，从广义上来说，本科新生适应教育或本科新生体验计划从学生被大学录取一直延伸到整个大一学年，这也是目前美国及其他国家大学的普遍做法。

　　各国大学对本科新生适应教育日益重视，主要源于新生适应对学生发展的重要影响。柯瑞迪（Credé）和尼豪斯（Niehorster）特利用"新生大学适应问卷"（Student Adaptation to College Questionnaire）开展了大量实证研究，发现本科新生的适应情况对学生在大学阶段的成绩和返校率（指入学一年后决定继续在大

---

❶　Jeffrey M. Kelly. The First-Year College Experience: Strategies for Improvement [EB/OL]. (2017-3-3)[2018-1-7]. http://www.Newfoundations.com/OrgTheory/Kelly721Sp06.html.

❷　林倩仪. 美国新生体验计划研究 [D]. 上海：华东师范大学，2008.

学学习的学生比例）有重要影响。❶ 我国学者的实证研究也证实了入学第一年的适应情况对大学生发展的关键性的影响，若适应不良会导致学业、人际关系乃至健康等方面的严重后果。❷ 开展合适的本科新生适应教育活动、促进新生对大学各方面的良好适应，对学生发展有着极其重要的意义。

本章将以美国的哈佛大学、耶鲁大学、斯坦福大学和加州大学洛杉矶分校作为研究对象，通过查阅新生教育网站和相关文献资料，系统评述本科新生适应教育的最新活动。之所以选择这四所研究型大学作为研究对象，主要考虑到各校在新生适应教育方面各具特色，对我国大学具有重要的借鉴意义。本书按照开展新生适应教育的时间顺序将其分为两类：一类是入学前的适应教育，另一类是入学后的适应教育。除此之外，本书还将介绍高校面向新生及其家长的信息平台。

一、入学前的适应教育

入学前的新生适应教育活动（Pre-Orientation Programs）旨在帮助新生提前熟悉校园和同学，组织新生提前到校参加形式多样的适应活动，新生自愿报名，但需要支付一定的费用。❸ 活动以户外体验自然、文化体验、公益实践、学业补习、国际学生特殊服务为主，通过多样性的活动内容满足不同学生群体的特点和需求。

户外体验类活动，通常由学校组织新生去附近或者城市郊外亲近大自然，帮助新生之间互相熟悉，加强集体纽带，如哈佛大学的新生户外项目❹、耶鲁大学的新生户外体验游（Freshman Outdoor Orientation Trips）❺、斯坦福大学的学前旅

---

❶ Crede M & Niehorster S. Adjustment to College as Measured by the Student Adaptation to College Questionnaire: A Quantitative Review of Its Structure and Relationships with Correlates and Consequences [J]. Educational Psychology Review, 2012, 24(1): 133–165.

❷ 杨钋，毛丹."适应"大学新生发展的关键词——基于首都高校学生发展调查的实证分析 [J]. 中国高教研究，2013(3):16–24.

❸ Greene H, Greene M. The College Bound Transition: Orientation Isn't Enough. Today's Pre-Orientation Programs Jumpstart Student Engagement [J]. University Business, 2005(8).

❹ Harvard College Freshman Dean's Office. Pre-Orientation [EB/OL]. (2016–5–14)[2017–1–5]. http://fdo.fas.harvard.edu/pages/pre-orientation.

❺ Yale University Yale College. Preorientation Programs [EB/OL]. (2016–5–14)[2017–1–5]. http://catalog.yale.edu/freshman-handbook/getting-started/preorientation-programs/.

行（Stanford Pre-orientation Trips）❶，耶鲁大学还有农场体验活动（Harvest）❷。

文化体验类活动，指学校结合校园或地域文化特色开展相应的学前教育活动。例如，在校园文化体验方面，人文学科氛围浓厚的哈佛大学开展了艺术类项目❸，通过校内外专家指导的工作坊、课程、小组展示等形式，向学生介绍戏剧、音乐、视觉艺术、舞蹈、创意写作等艺术相关主题。耶鲁大学有为期三天的"斗牛狗日"（Bulldog Days）❹，这三天中有 200 多项大大小小的活动供新生体验耶鲁的校园文化，如游览校园、新生欢迎会、学生演出、课堂走访、社团见面会等；在地域文化体验方面，耶鲁大学的焦点（FOCUS）项目❺组织新生集体游览城市，熟悉当地环境。此外，还有斯坦福大学组织的原住民体验项目（Stanford Native Immersion Program）❻等。此类校园和文化体验类活动有助于在学生心中建立新环境的积极、友好印象，帮助学生更好地了解和适应新环境。

公益实践类活动，指学校组织新生在校内或是当地参加一些公益实践活动。例如，哈佛大学的新生城市项目，组织新生去当地非营利组织做志愿者❼；哈佛大学的秋季大扫除活动，组织新生有偿打扫学生宿舍。❽在公益实践过程中，既让新生增进合作和友谊，又利用新生资源给学校繁忙的开学季工作减轻了一定负担，为当地的社区志愿服务做出了贡献。

面向国际学生的特殊教育活动。国际学生与本国学生相比要经历的适应挑

---

❶　Stanford University Undergrad. Pre-Orientation Programs [EB/OL]. (2016-7-22)[2017-1-5)] https://undergrad.stanford.edu/advising/freshman/new-student-orientation-nso/pre-orientation-programs.

❷　Yale University Yale College. Preorientation Programs [EB/OL]. (2016-5-14)[2017-1-5]. http://catalog.yale.edu/freshman-handbook/getting-started/preorientation-programs/.

❸　Harvard College Freshman Dean's Office. Pre-Orientation [EB/OL]. (2016-5-14)[2017-1-5]. http://fdo.fas.harvard.edu/pages/pre-orientation.

❹　Yale University Yale College. Bulldog Days [EB/OL]. (2016-5-14)[2017-1-5]. http://catalog.yale.edu/freshman-handbook/getting-started/bulldog-days/.

❺　Yale University Yale College. Bulldog Days [EB/OL]. (2016-5-14)[2017-1-5]. http://catalog.yale.edu/freshman-handbook/getting-started/bulldog-days/.

❻　Stanford University Undergrad. Pre-Orientation Programs [EB/OL]. (2016-7-22)[2017-1-5]. https://undergrad.stanford.edu/advising/freshman/new-student-orientation-nso/pre-orientation-programs.

❼　Harvard College Freshman Dean's Office. Pre-Orientation [EB/OL]. (2016-5-14)[2017-1-5]. http://fdo.fas.harvard.edu/pages/pre-orientation.

❽　Harvard College Freshman Dean's Office. Pre-Orientation [EB/OL]. (2016-5-14)[2017-1-5]. http://fdo.fas.harvard.edu/pages/pre-orientation.

战性更大，除了从高中到大学新环境的适应之外，往往还要经历跨国文化的适应，而且他们能得到的来自家庭的帮助更少，因此，哈佛大学、耶鲁大学和斯坦福大学均有组织帮助国际学生更快地熟悉当地环境和校园生活。❶❷❸

学业补习类，多指暑期过渡课程，给不同学业基础和学习能力的同学提供了选择，让他们得以根据自己的需求决定是否提前学习课程，帮助其更快地从高中过渡到大学的学习生活。以加州大学洛杉矶分校的夏季学院项目为例 ❹，作为暑期过渡课程，在开学前提供针对新生的六周小班化课程，课程也可以算作学校的学业要求。

从四所大学的具体情况来看，学校均为学生提供多种活动选择。活动开始于入学前，通常持续约一周，学生自愿报名，部分活动需要学生支付一定的费用，但学校也会提供一些针对性的学生资助，如哈佛大学的新生艺术项目（First-Year Arts Program）和新生户外项目（First-Year Outdoor Program）❺、加州大学洛杉矶分校的夏季学院项目（College Summer Institute Program）❻ 等都需要学生缴费才能加入，但学生可以提出资助申请。

二、入学后的适应教育

（一）新生入学指导

新生入学指导活动（Orientation Programs）是指大学为了帮助新生从中学顺

❶ Harvard College Freshman Dean's Office. Pre-Orientation [EB/OL]. (2016-5-14)[2017-1-8]. http://fdo.fas.harvard.edu/pages/pre-orientation.

❷ Yale University Yale College. Preorientation Programs [EB/OL]. (2016-5-14)[2017-1-8]. http://catalog.yale.edu/freshman-handbook/getting-started/preorientation-programs/.

❸ Stanford University Undergrad. Pre-Orientation Programs [EB/OL]. (2016-7-22)[2017-1-8]. https://undergrad.stanford.edu/advising/freshman/new-student-orientation-nso/pre-orientation-programs.

❹ UCLA New Student & Transition Programs. College Summer Institute (CSI)[EB/OL]. (2016-5-14)[2017-1-8]. http://www.newstudents.ucla.edu/csi.htm.

❺ Harvard College Freshman Dean's Office. Pre-Orientation [EB/OL]. (2016-5-14)[2017-1-83]. http://fdo.fas.harvard.edu/pages/pre-orientation.

❻ UCLA New Student & Transition Programs. College Summer Institute (CSI)[EB/OL]. (2016-5-14)[2017-1-8]. http://www.newstudents.ucla.edu/csi.htm.

利过渡到大学并最终实现成功的大学生活所设置的项目，其最重要的贡献是充分促进新生与教职工、在读学生的交流。❶这四所美国研究型大学的新生网站上都开设了专门栏目介绍新生入学指导活动，时间通常为入学后的第一周，按照活动内容可以分为生活类、学业类和志愿服务三类。

生活类指导，主要指学校组织的一些常规欢迎活动和校园生活介绍。例如，耶鲁大学和斯坦福大学的新生大会、宿舍欢迎活动是理性常规的新生欢迎活动；❷❸加州大学洛杉矶分校开展了介绍住宿、资助、课外活动等校园学生服务的工作坊和讲座，以便新生熟悉校园资源；加州大学洛杉矶分校规定新生必须参加健康教育项目❹，内容包括性骚扰、家庭暴力、跟踪骚扰、酗酒等话题。这类活动旨在让新生尽快熟悉校园的生活环境，引导他们养成健康、安全的校园生活习惯。

学业类指导，主要指学校组织的与学业相关的咨询活动、研讨会和部分课程的分班考试。如斯坦福大学组织新生和教师、辅导员见面的学业咨询会，帮助新生尽快和他们建立联系，以便在未来学业中寻求帮助，同时举办学业规划会议（Academic Planning Sessions），以提供学业相关问题的咨询，帮助后续的选课和学习计划的制订。❺哈佛大学采取阅读研讨会的形式开展社区对话项目（Community Conversation Program）和教师对话项目（Faculty Conversation Program）❻，由新生和教职工参与，基于本科新生主任办公室提前布置的阅读材料，讨论与未来大学生活紧密相关的教育问题，如大学生活适应过程中的个人身份定位问题、怎样通过大学教育达到学识和性格上的成长等。提前布置的阅

❶ Goetz. Schuh. Overland & Rentz. Rent's Student Affairs Practice in Higher Education (Third Edition)[M]. Springfield: Charles C Thomas Publisher Ltd, 2004.

❷ Yale University Yale College. Calendar for the Opening Days of College [EB/OL]. (2016-5-14) [2018-1-8]. http://yalecollege.yale.edu/sites/default/files/files/2015_Map_3.pdf

❸ Stanford University Undergrad. Major Events for New Students [EB/OL]. (2016-5-14)[2018-1-83]. https://undergrad.stanford.edu/advising/approaching-stanford/orientation/orientation-schedule/major-events-new-students.

❹ UCLA New Student & Transition Programs. New Student Orientation for First Year Students [EB/OL]. (2016-5-14)[2018-1-8]. http://www.newstudents.ucla.edu/firstyearstudents.htm.

❺ Stanford University Undergrad. NSO Academic Planning Sessions [EB/OL]. (2016-5-14)[2018-1-8]. https://undergrad.stanford.edu/advising/approaching-stanford.

❻ Harvard College Freshman Dean's Office. Faculty Conversations [EB/OL]. (2016-5-14)[2018-1-8]. http://fdo.fas.harvard.edu/pages/community-conversations.

读材料能让学生对大学生活中可能面临的问题有更多的思想准备，在与教师讨论时能有更深入的思考，并以研讨的方式加强新生之间的互动。耶鲁大学会在开学时组织外语等课程的分班考试❶，帮助新生明确适合自己的学习起点。这些学业类的入学指导活动是为了让学生尽快熟悉大学的学业要求和学习节奏，制订初步学习计划，适应新的学习环境，为长远的学业发展打下基础。

志愿服务，旨在让学生服务公益事业的同时，帮助新生建立彼此间的纽带，培养合作精神。例如，加州大学洛杉矶分校还组织新生去当地儿童医院参加志愿服务项目❷。

综上，从内容上可以看出新生适应活动是全方面的，不仅仅局限在专业上，也不仅仅局限在课堂上，而是从"全面发展"的角度出发，考虑了学生学业发展、人格发展、道德发展、智力发展、群体归属感等多方面的需求，设计了丰富多样的适应活动，供学生选择。

（二）新生家庭成员指导

从这四所大学的情况来看，本科新生适应教育不仅仅针对新生本人，也把新生的父母和其他家庭成员纳入指导服务的范围。针对新生家庭成员的指导将线上和线下活动相结合，建立了混合的信息传达模式。

线上指导活动主要指针对新生家庭成员开设专门的网上栏目，这四所研究型大学迎新网站上均开设了该类栏目，如哈佛大学专门负责大一学生的新生主任办公室网站（Freshman Dean's Office）在"入校学生"栏目下设置了针对父母的"for parents"页面❸，加州大学洛杉矶分校的新生过渡项目网站（New Student & Transition Programs）也在首页设置了家长和家庭成员指导栏目（Parent Family orientation）❹，解答家长比较关心的常见问题，并说明开学后会组织专门的家长

---

❶ Yale University Yale College. Calendar for the Opening Days of College [EB/OL]. (2016-5-14) [2017-1-5]. http://yalecollege.yale.edu/sites/default/files/files/2015_Map_3.pdf.

❷ UCLA New Student & Transition Programs. New Student Orientation for First Year Students [EB/OL]. (2016-05-14)[2018-1-8]. http://www.newstudents.ucla.edu/csi.htm.

❸ Harvard College Freshman Dean's Office. For Parents [EB/OL]. (2016-5-14)[2017-1-5]. http://fdo.fas.harvard.edu/pages/parents.

❹ UCLA New Student & Transition Programs. New Parent & Family Orientation [EB/OL]. (2016-5-14)[2017-1-5]. http://www.newstudents.ucla.edu/familyo.htm.

活动。所以，严格来说这些线上栏目并不只是在入学后才会用到，它们也有助于新生家长在开学前了解信息为孩子入学做准备。此外，有大学还专门建立了家长网站，如斯坦福大学的家长网站（Stanford Parents）提供面向所有学生家长的重要活动和信息，如家长开放周末、毕业典礼等，为家长整理出了他们在孩子就学过程中关注的信息。❶

线下指导活动可分为家长指导和少年儿童指导两类。这四所大学均在开学初的新生入学指导阶段开设了针对家庭成员的指导活动，包括教职工与家长的见面会，介绍学业和校园生活等。如耶鲁大学组织家庭成员和教务长的座谈会❷，斯坦福大学组织家长参加开学典礼和宿舍欢迎仪式❸，加州大学洛杉矶分校通过新生家长导航会议介绍学生辅导、毕业要求等重要学业信息。此外，加州大学洛杉矶分校还开设了儿童指导活动（Children Orientation）❹，专门在导航日当天为新生随行的 5 ～ 17 岁的孩子组织艺术、户外娱乐活动、参观校园等活动，既解决了家长参加某些活动时孩子无人照管的问题，又起到了向未来潜在学生宣传学校的作用。

（三）多方位入学指导人员

为了帮助本科新生更好地适应新环境，大学往往给新生提供多方位的指导人员，从这四所大学来看，指导人员包括宿舍区辅导员、学业辅导员和同伴辅导员。

宿舍区辅导员。以哈佛大学和耶鲁大学为例，大学宿舍的学习氛围和人际氛围对学生的成长和发展有着极其深远的影响，如与不住校学生相比，住校学生会参加更多的校园活动，有更多与教师、同学非正式交流的机会，对大学生

---

❶ Stanford Parents [EB/OL]. (2016–05–14)[2017–1–5]. http://parents.stanford.edu/.

❷ Yale University Yale College. Calendar for the Opening Days of College [EB/OL]. (2016–5–14) [2018–1–8]. http://yalecollege.yale.edu/sites/default/files/files/2015_Map_3.pdf.

❸ Stanford University Undergrad. Approaching Stanford for Parents and Families [EB/OL]. (2016–5–14)[2017–1–5]. https://undergrad.stanford.edu/advising/approaching–stanford/parents–guardians/preparing–stanford–parents–guardians.

❹ UCLA New Student & Transition Programs. New Parent & Family Orientation [EB/OL]. (2016–5–14)[2017–1–5]. http://www.newstudents.ucla.edu/familyo.htm.

活的满足感会更强，这是因为宿舍生活给学生提供了更多了解校园、体验多样化和互相学习的机会。❶ 在哈佛大学的新生辅导团队中，新生导师（Proctor）和同伴辅导员（Peer Advising Fellow）这两类辅导员均是按照住宿区分配。❷ 耶鲁大学有住在学生宿舍区域的新生辅导员（Freshman Adviser）和由住在学生附近的高年级同学担任的新生顾问（Freshman Counselor）❸，这些基于住宿区域分配的辅导人员给新生提供的咨询和帮助不仅限于住宿方面，还包括学业、活动、校园生活等一般性问题。

学业辅导员，旨在帮助学生计划学习项目、丰富大学体验和开拓视野和机会。❹ 其形式通常是在整个大一学年给新生配备跟踪结对的专门学业辅导员，提供学业方面的咨询，部分学校也不时举办专门的学业辅导活动。例如，哈佛大学给每名新生配备一位学业辅导员（Academic Advisers），可能是教师、教学管理人员、新生导师或博士研究生，主要在选课、期中、期末等重要时期与新生当面交流学业问题，同时还配备一位由教职工、教学管理人员或研究生担任的新生辅导员（Freshman Adviser），负责解答课程、选课以及职业发展、课余兴趣等方面的一般性问题。❺ 斯坦福大学的本科生辅导和研究项目（Undergraduate Advising and Research）让每位新生与两位辅导员结对——专业前辅导员（Pre-major advisor）和学业辅导主任（Academic Advising Director），帮助学生熟悉学校的学习资源，发展学术追求。❻ 耶鲁大学在大一学年为新生配备系内教师作为学业指导，且在大一学年末学生会选择一位老师作为自己大二学年的学业指导，帮助选课和制订下一年的学习计划。除了配备辅导员，耶鲁大学还为新生组织

---

❶ Goetz. Schuh. Overland & Rentz. Rent's Student Affairs Practice in Higher Education (Third Edition)[M]. Springfield: Charles C Thomas Publisher Ltd, 2004.

❷ Harvard College Freshman Dean's Office. Freshman Advising [EB/OL]. (2016-5-14)[2018-1-8]. http://college.harvard.edu/academics/advising-counseling/freshman-advising.

❸ Yale University Yale College. Advising [EB/OL]. (2016-5-14)[2018-1-8]. http://catalog.yale.edu/freshman-handbook/academic-information/advising/.

❹ Goetz. Schuh. Overland & Rentz. Rent's Student Affairs Practice in Higher Education (Third Edition)[M]. Springfield: Charles C Thomas Publisher Ltd, 2004.

❺ Harvard College Freshman Dean's Office. Freshman Advising [EB/OL]. (2016-5-14)[2018-1-8]. http://college.harvard.edu/academics/advising-counseling/freshman-advising.

❻ Stanford University Undergrad. Welcome to the Freshman Guide [EB/OL]. (2016-5-14)[2018-1-8]. https://undergrad.stanford.edu/advising/student-guides/frosh.

系内咨询和学术交流会（Departmental Advising and the Academic Fair），介绍专业的课程设置和要求等。❶加州大学洛杉矶分校还会在秋季学期开展第二部分新生导航活动，解答新生关于即将到来的冬季学期的选课、课程注册等学业问题。❷完备的学业辅导员设置和丰富的学业辅导活动体现了学校对新生学业适应的重视，帮助新生在学业上尽快进入状态，以便充分发挥他们的学术潜能。

除此之外，同伴辅导也发挥了重要作用。哈佛大学、耶鲁大学和加州大学洛杉矶分校开展的同伴辅导一般是由高年级同学和新生结对，不仅可以在学业和校园生活方面提供建议，而且作为过来人在课程、活动以及学校资源利用等方面有宝贵的亲身经验。❸❹❺

三、新生适应教育的信息平台

在本科新生的适应教育中，除了线下的各种活动之外，建设专门服务新生的网站或网上栏目也是非常重要的一部分。哈佛大学建立了本科新生主任办公室网站（Harvard College Freshman Dean's Office）❻，加州大学洛杉矶分校也专门设立了新生过渡项目网站（New Student Transition Programs）❼，耶鲁大学在其的本科生网站（Yale University Yale College）上设有新生栏目（New Students）❽，斯坦福大学的本科生网站（Stanford University Undergrad）上的咨询（Advising）一

---

❶ Yale University Yale College. Advising [EB/OL]. (2016–5–14)[2017–1–5]. http://catalog.yale.edu/freshman–handbook/academic–information/advising/.

❷ UCLA New Student & Transition Programs. Transition Programs [EB/OL]. (2016–5–14)[2017–1–5]. http://www.newstudents.ucla.edu/csi.htm.

❸ Harvard College Freshman Dean's Office. Freshman Advising [EB/OL]. (2016–5–14)[2017–1–5]. http://college.harvard.edu/academics/advising–counseling/freshman–advising.

❹ Yale University Yale College. Advising [EB/OL]. (2016–5–14)[2017–1–5]. http://catalog.yale.edu/freshman–handbook/academic–information/advising/.

❺ UCLA New Student & Transition Programs. Transition Programs [EB/OL]. (2016–5–14)[2017–1–5]. http://www.newstudents.ucla.edu/csi.htm.

❻ Harvard College Freshman Dean's Office [EB/OL]. (2016–5–14)[2017–1–5]. http://fdo.fas.harvard.edu/.

❼ UCLA New Student & Transition Programs [EB/OL]. (2016–5–14)[2017–1–5]. http://www.newstudents.ucla.edu/.

❽ Yale University Yale College. New Students [EB/OL]. (2016–5–14)[2017–1–5]. http://yalecollege.yale.edu/new–students.

栏也有面向新生的"走近斯坦福"(Approaching Stanford)栏目。❶

针对新生的网上版块内容通常包括：给已被录取的学生列出了开学前要注意的截止日期，提醒他们完成与入学有关的相应事务，介绍新生开学的大致安排、在校的学习和生活以及学校会组织的新生适应活动，并汇总了一些针对新生家长的常见问题和通知。

四所大学在本科新生适应的网站建设方面也各不相同，哈佛大学和加州大学洛杉矶分校是建立了专门针对新生的网站，而耶鲁大学和斯坦福大学则只是把其作为本科生网站下的一个栏目，因此，在信息丰富度方面不如前两者；哈佛大学和加州大学洛杉矶分校的新生网站时间跨度延伸至整个大一学年，展示了更多正式开始上课之后帮助新生融入校园的活动，如哈佛大学的本科新生校内项目（Freshman Intramural Program），包括一系列贯穿大一学年的体育和非体育赛事和新生社交活动 ❷❸，而耶鲁大学和斯坦福大学的新生栏目主要集中在新生导航结束、正式开始上课之前的安排和活动。

四、国内大学新生适应教育的实践及发展方向

近年来，国内高校也逐渐认识到新生适应教育的重要性，并着手开展一些新生适应教育的活动。在组织者方面以学生工作系统人员为主，班主任和任课老师为辅。在时间安排上多以新生入校后的教育月为主流。在活动形式上包括编发入学教育资料，组织集中教育培训，如军训、开学典礼、校规校纪及学籍管理培训、安全教育，组织校园文化活动，如运动会、文艺汇演、辩论赛和学生社团组织的各类文化活动等。这些活动对提高新生适应能力在某种程度起到了一定的教育效果。然而，由于起步较晚，我国高校的新生适应还存在着教育

❶ Stanford University Undergrad. Approaching Stanford [EB/OL]. (2016-5-14)[2018-1-5]. https://undergrad.stanford.edu/advising/approaching/approaching-stanford.

❷ Harvard College Freshman Dean's Office. Intramurals [EB/OL]. (2016-5-14)[2018-1-5]. http://fdo.fas.harvard.edu/pages/intramurals.

❸ Harvard College Freshman Dean's Office. Social Life at Harvard [EB/OL]. (2016-5-14)[2018-1-5]. https://fdo.fas.harvard.edu/social-life-harvard.

理念尚待明晰、教育体系尚未形成、相关研究比较缺乏等方面的问题。❶ 相比之下，从本书所选取的四所美国研究型大学来看，新生适应教育已经发展得较为丰富而立体，大学为满足学生个性化发展需求提供了充足的选择机会，学生可以根据个人特点选择适合自己的新生适应项目。

首先，从教育理念来看，美国大学新生适应教育建立在美国高等教育历史中两个重要的哲学理念：全人教育（Education For the Whole Person）理念和经验教育理念。在 17 世纪美国殖民地学院创立之初即强调全人教育哲学理念。继而，学生事务、通识教育、自由教育都继续体现了这种重视学生对自身兴趣、技能和目标进行探索的哲学。❷❸ 重视经验教育（Experiential Education）是美国大学新生教育不断发展的另一个重要理念。杜威的经验理论为美国大学的学生事务工作提供了哲学概念框架。❹ 在这种哲学精神之下，大卫·科博（David Kolb）的体验式学习理论深化了经验学习的理念。❺ 该理论认为直接的经验是观察和反思的催化剂，而这种催化会构成进行抽象理论思维的基础。新生适应教育在形式手段、时间和空间的延伸拓展，体现着这两种哲学思想在美国大学教育实践中的不断丰富和完善。所有的努力都是为了给予学生不同的机会，让他们可以为有意义的成人生活去发展技能。

其次，从教育形式和内容上来看，入学前教育活动以多样化的体验式和集体性活动为主，更加注重学生在实践活动中进行真实的体验，帮助学生通过社会化交往主动建构对大学环境、文化、价值观和社会群体的认同感或归属感；从内容上看，入学后的适应教育包括开学时的一系列指导活动，以及在入学第一年中给新生提供的多方位辅导，如学业咨询、健康教育、阅读研讨会、志愿服务等。提供指导的主体也涵盖了宿舍区辅导员、学业辅导员和同伴辅导员、

❶ 韩天顺. 大学新生入学适应教育研究 [D]. 北京：北京化工大学，2014.

❷ Reuben J A. (1996). The Making of the Modern University [M]. Chicago: University of Chicago Press，1996.

❸ Thelin J R. A History of American higher education. Baltimore [M]. MD: Johns Hopkins University Press, 2004.

❹ Dewey J. Experience and Education [M]. New York: Collier/MacMillan, 1938.

❺ Kolb D A. Experiential Learning: Experience as the Source of Learning and Development [M]. Englewood Cliffs, NJ: Prentice-Hall, 1984.

教师，通过多方位的信息来源给学生提供学习和生活上的咨询和帮助。

再次，从时间和空间维度来看，新生适应活动普遍延展至入学前甚至刚刚被大学录取，大学利用暑假时间来搭建高中和大学的顺利过渡。且各高校普遍通过网络技术手段，克服了时空限制为新生提供丰富的信息和指导。

最后，从适应主体来看，已经从单纯的学生适应延伸到向父母及其他家庭成员。通过调动家长的积极性，促进家长对学校工作的理解，能够更有效地提高学校教育的效益；鼓励家长积极参与到帮助新生适应的工作中来，让学生在应对大学学术和生活的挑战时，能够获得更加多元化的社会支持。

新生适应教育是正规大学教育的重要组成部分，而不是可有可无的大学前奏，大学管理者应该给予其充分的重视。大学要以学生的多方面、多层次需求为中心，通过整合多方面资源，让学生顺利适应本科的学习和生活，为大学阶段的发展打好坚实的基础。具体而言，美国大学的实践经验可以给中国大学带来如下启示。

第一，要建立新生适应教育的长效机制。新生适应教育不仅限于开学阶段，而且要不断根据学生的实际适应情况使之贯穿于整个大一学年乃至更长的时间。

第二，在组织制度层面，注重资源整合，促进学校各部门、教师乃至家长对新生适应教育工作的协调，使之更具系统性、全面性和资源的合理配置；培养专业化的新生适应教育工作队伍，建立专门机构，深入理论研究和实践探索，把更多学生事务管理人员培养成新生入学教育领域的专家。

第三，在制订教育计划时，要充分体现新生的主体性地位，从新生的需求和特点出发提供更加多样化的机会和选择。我国高校新生适应教育工作应强化"关注学生发展"的意识，每个学生有不同的资质、个性和需求，美国高校为不同族群、不同成长背景、资质、年龄的国际学生推出了满足个性化、多层次需求且灵活有效的新生教育。

第四，加大学术指导力度，协同不同部门开展学业辅导，为学生提供多渠道的学业支持。创新活动思路，开辟更多具有互动性、趣味性和参与性的新生教育活动项目，通过具有参与性、互动性和建构性等特点的体验式团队活动，让新生尽快建立起对大学文化、价值观、社会组织和群体的认同和归属。

附录

美国开设大学先修课的中学分布

附表1　2017年参与 AP 课程的美国学校（公立 / 私立）的分布 ❶

州名	全部开设 AP 的学校数	开设 AP 的公立学校数	开设 AP 的非公立学校数
阿拉巴马	343	254	89
阿拉斯加	79	66	13
亚利桑那	326	261	65
堪萨斯	316	285	31
加利福尼亚	2310	1658	652
科罗拉多	364	289	75
康涅狄格	262	185	77
特拉华	69	42	27
华盛顿哥伦比亚特区	52	30	22
佛罗里达	1096	616	480
佐治亚	618	403	215
夏威夷	83	46	37
爱达荷	102	82	20
伊利诺伊	698	520	178
印第安纳	423	344	79

---

❶ National and State Summary Reports. https://research.collegeboard.org/programs/ap/data/participation/ap–2017

续表

州名	全部开设 AP 的学校数	开设 AP 的公立学校数	开设 AP 的非公立学校数
爱荷华	210	179	31
堪萨斯	128	102	26
肯塔基	265	202	63
路易斯安纳	281	209	72
缅因	141	113	28
马里兰	360	210	150
马萨诸塞	459	321	138
密西根	653	527	126
明尼苏达	326	258	68
密西西比	181	144	37
密苏里	333	241	92
蒙大拿	103	84	19
内布拉斯加	92	65	27
内华达	114	94	20
新罕布什尔	118	82	36
新泽西	564	405	159
新墨西哥	130	102	28
纽约	1445	1101	344
北卡罗来纳	629	476	153
北达科他	54	45	9
俄亥俄	748	584	164
俄克拉荷马	304	270	34
俄勒冈	229	177	52
宾夕法尼亚	793	580	213
罗德岛	70	51	19
南卡罗来纳	292	212	80
南达科他	79	68	11
田纳西	358	250	108

续表

州名	全部开设 AP 的学校数	开设 AP 的公立学校数	开设 AP 的非公立学校数
德克萨斯	1802	1442	360
犹他	197	151	46
佛蒙特	73	57	16
弗吉尼亚	460	318	142
华盛顿	435	338	97
西弗吉尼亚	123	110	13
威斯康星	504	408	96
怀俄明	39	34	5

美国参与 AP 项目的高中和大学的数量变化

附表 2　1955—2017 年美国大学及高中增量变化 ❶

年度	美国高中数 ❷	学生（人次）	考试（场）	美国大学数
1955—1956 年	104	1229	2199	130
1956—1957 年	212	2068	3772	201
1957—1958 年	355	3715	6800	279
1958—1959 年	560	5862	8265	391
1959—1960 年	890	10531	14158	567
1960—1961 年	1126	13283	17603	617
1961—1962 年	1358	16255	21451	683
1962—1963 年	1681	21769	28762	765
1963—1964 年	2086	28874	37829	888
1964—1965 年	2369	34278	45110	994
1965—1966 年	2518	38178	50104	1076
1966—1967 年	2746	42383	54812	1133
1967—1968 年	2863	46917	60674	1193
1968—1969 年	3095	53363	69418	1288
1969—1970 年	3186	55442	71495	1368
1970—1971 年	3342	57850	74409	1382

❶ Annual AP Program Participation 1956–2017. https://research.collegeboard.org/programs/ap/data/participation/ap–2017

续表

年度	美国高中数❷	学生（人次）	考试（场）	美国大学数
1971—1972 年	3397	58828	75199	1483
1972—1973 年	3240	54778	70651	1437
1973—1974 年	3357	60863	79036	1507
1974—1975 年	3498	65635	85786	1517
1975—1976 年	3937	75651	98898	1580
1976—1977 年	4079	82728	108870	1672
1977—1978 年	4323	93313	122561	1735
1978—1979 年	4585	106052	139544	1795
1979—1980 年	4950	119918	160214	1868
1980—1981 年	5253	133702	178159	1955
1981—1982 年	5525	141626	188933	1976
1982—1983 年	5827	157973	211160	2130
1983—1984 年	6273	177406	239666	2153
1984—1985 年	6720	205650	280972	2170
1985—1986 年	7201	231378	319224	2125
1986—1987 年	7776	262081	369207	2197
1987—1988 年	8247	292164	424844	2182
1988—1989 年	8768	314686	463664	2256
1989—1990 年	9292	330080	490299	2537
1990—1991 年	9786	359120	535186	2587
1991—1992 年	10191	388142	580143	2722
1992—1993 年	10594	424192	639385	2825
1993—1994 年	10863	458945	701108	2823
1994—1995 年	11274	504823	785712	2875
1995—1996 年	11712	537428	843423	2895
1996—1997 年	12022	581554	921601	2872
1997—1998 年	12486	635168	1016657	2964
1998—1999 年	12886	704298	1149515	3007

续表

年度	美国高中数 ❷	学生（人次）	考试（场）	美国大学数
1999—2000 年	13253	768586	1272317	3070
2000—2001 年	13680	844741	1414387	3199
2001—2002 年	14157	937951	1585516	3388
2002—2003 年	14353	1017396	1737231	3435
2003—2004 年	14904	1101802	1887770	3558
2004—2005 年	15380	1221016	2105803	3617
2005—2006 年	16000	1339282	2312611	3638
2006—2007 年	16464	1464254	2533431	3743
2007—2008 年	17032	1580821	2736445	3817
2008—2009 年	17374	1691905	2929929	3809
2009—2010 年	17861	1845006	3213225	3855
2010—2011 年	18340	1973545	3456020	4001
2011—2012 年	18647	2099948	3698407	4005
2012—2013 年	18920	2218578	3938100	4027
2013—2014 年	19493	2342528	4176200	4121
2014—2015 年	21594	2483452	4478936	4154
2015—2016 年	21953	2611172	4704980	4199
2016—2017 年	22169	2741426	4957931	4221
合计		38273588	64985717	

附录三

Appendix 3

大学先修课项目受访学生的基本特征

附表3　参与问卷调查学生样本的基本特征

类别	指标	中学生调查		大学生调查	
		2016 年 4 月	2016 年 10 月	2016 年 7 月	2017 年 7 月
性别	男	59.1%	56.7%	62.3%	67.0%
	女	40.9%	43.3%	37.7%	33.0%
年级	高一	10.5%	5.8%	—	—
	高二	89.5%	49.6%	—	—
	高三	—	44.6%	—	—
文理分科	文科	31.1%	36.5%	22.6%	23.9%
	理科	65.6%	48.2%	74.4%	63.8%
	其他（不分文理及暂未确定）	3.3%	15.2%	3.0%	12.3%
成绩排名	前 5%	39.7%	44.2%	—	—
	5% ～ 25%（含）	51.1%	45.5%	—	—
	后 75%	9.2%	11.3%	—	—
是否就读重点高中	是	88.0%	96.7%	—	—
	否	12.0%	3.3%	—	—
参加学科竞赛	是	62.3%	66.7%	—	—
	否	37.7%	33.3%	—	—
就读高中是否为先修课考点	是	32.0%	14.2%	—	—
	否	68.0%	85.8%	—	—

— 190 —

续表

类别	指标	中学生调查		大学生调查	
		2016 年 4 月	2016 年 10 月	2016 年 7 月	2017 年 7 月
户口类型	城市	—	—	94.5%	93.9%
	农村	—	—	4.5%	6.1%
家庭所在地区	东部	79.1%	70.6%	65.3%	—
	中部	2.4%	17.9%	18.1%	—
	西部	18.5%	11.5%	16.6%	—
家庭所在地的类型	直辖市 / 省会城市	30.0%	24.9%	53.8%	44.0%
	地级市	61.1%	40.4%	29.1%	26.4%
	县城 / 县级市及以下	8.9%	34.7%	17.1%	29.6%
父亲的工作单位类型	机关事业单位	40.9%	38.8%	—	—
	国企、外企、三资企业	24.8%	21.9%	—	—
	私营、个体经营	27.8%	32.5%	—	—
	农林牧鱼民	6.5%	3.1%	—	—
父亲的受教育程度	初中及以下	—	13.5%	3.5%	4.2%
	高中或中专	—	24.3%	15.1%	14.6%
	大学或以上	—	62.1%	81.4%	81.2%

注："—"表示调查中未问及该指标。

附表 4 参与问卷调查学生样本家庭收入特征

	家庭收入			
	最大值	最小值	平均值	方差
2016 年 4 月	160 万元	0.5 万元	14.457 万元	220.978
2016 年 10 月	250 万元	0.5 万元	16.652 万元	373.162

附表 5 接受访谈学生和教师的基本特征

受访者	编号	生源地	学科	是否重点学校
中学生 1	AHDQKXGLS01	浙江	地球科学概论	是
中学生 2	AHDQKXGLS02	浙江	地球科学概论	是

续表

受访者	编号	生源地	学科	是否重点学校
中学生 3	AHZGTSS01	浙江	中国古代通史	是
中学生 4	AHZGTSS02	浙江	中国古代通史	是
中学生 5	AHWJFS01	浙江	微积分	是
中学生 6	AHWJFS02	浙江	微积分	是
中学生 7	AHWJFS03	浙江	微积分	是
中学生 8	AHDXHXS04	浙江	大学化学	是
中学生 9	NJWJFS01	江苏	微积分	是
中学生 10	NJWJFS02	江苏	微积分	是
中学生 11	NJWJFS03	江苏	微积分	是
中学生 12	NJZGTS01	江苏	中国古代通史	是
中学生 13	NJZGTS02	江苏	中国古代通史	是
中学生 14	SDWJFS01	山东	微积分	是
中学生 15	SDWJFS02	山东	微积分	是
中学生 16	SDWJFS03	山东	微积分	是
中学生 17	SDWJFS04	山东	微积分	是
中学生 18	SDZGTS01	山东	中国古代通史	是
中学生 19	SDZGTS02	山东	中国古代通史	是
中学生 20	AHDXHXS01	浙江	大学化学	是
中学生 21	AHDXHXS02	浙江	大学化学	是
中学生 22	AHDXHXS03	浙江	大学化学	是
中学生 23	AHZGGDWHS01	浙江	中国古代文化	是
中学生 24	AHZGGDWHS02	浙江	中国古代文化	是
中学生 25	NJDXHXS01	江苏	大学化学	是
中学生 26	SDDXHX01	山东	大学化学	是
中学生 27	BSDFZ01	北京	中国古代通史	是
中学生 28	BSDFZ02	北京	中国古代通史	是
大学生 1	DXSS01	北京	中国古代文化	是
大学生 2	DXSS02	北京	大学化学	是

续表

受访者	编号	生源地	学科	是否重点学校
大学生 3	DXSS03	吉林	大学化学	是
大学生 4	DXSS04	上海	中国古代通史	是
大学生 5	DXSS05	山东	大学化学	是
大学生 6	DXSS06	辽宁	中国古代通史	是
大学生 7	DXSS07	湖南	中国古代文化	是
大学生 8	DXSS08	河北	中国古代通史	是
教师 1	AHYWT01	浙江	语文	否
教师 2	AHDCXT02	浙江	电磁学	否
教师 3	BJDCXT03	北京	电磁学	是
教师 4	BJDCXT04	北京	电磁学	是
教师 5	AHJSGLT1	浙江	计算概论	是
教师 6	AHJSGLT2	浙江	计算概论	是

附录四

倾向性得分匹配结果的平衡性检验

　　根据倾向分数匹配的处理组和控制组平衡性检验结果（见附表 6 ～附表 8），三个模型在经过匹配后，变量的标准化偏差（%bias）都小于 10%，对比匹配前的结果，标准化偏差均大幅缩小，大多数变量的 t 检验结果不拒绝处理组与控制组无系统差异的原假设（性别、学生干部为例外）。

附表 6　因变量：所有课平均分数的平衡性检验结果

变量		匹配类型（匹配前 U/ 匹配后 M）	处理组	控制组	偏误比例	偏误降低比例	两组差异的 t 值
性别		U	0.6225	0.5667	11.4%		1.46
		M	0.6225	0.6531	8.3%	26.8%	0.82
独生子女		U	0.9082	0.7631	39.9%		4.59***
		M	0.9082	0.8980	2.8%	93.0%	0.34
户口类别		U	0.9541	0.8018	47.8%		5.22***
		M	0.9541	0.9694	−4.8%	89.9%	−0.79
文理科	理科	U	0.7398	0.6460	20.4%		2.56**
		M	0.7398	0.7194	4.4%	78.3%	0.45
	不分文理	U	0.0306	0.0108	13.9%		2.19**
		M	0.0306	0.0255	3.6%	74.2%	0.31

变量		匹配类型（匹配前U/匹配后M）	处理组	控制组	偏误比例	偏误降低比例	两组差异的t值
家庭所在地区	东部	U	0.7041	0.5432	33.6%		4.22***
		M	0.7041	0.6939	−2.1%	93.7%	−0.22
	西部	U	0.1888	0.2081	−4.8%		−0.62
		M	0.1888	0.1837	1.3%	73.6%	0.13
家庭所爱地类型	直辖市/省会	U	0.5357	0.3117	46.5%		6.16***
		M	0.5357	0.5918	−11.6%	74.9%	−1.12
	县级市以下	U	0.1735	0.4306	−58.3%		−6.92***
		M	0.1735	0.1327	9.2%	84.1%	1.12
父亲教育程度	大学或以上	U	0.8112	0.6072	46.0%		5.54***
		M	0.8112	0.8010	2.3%	95.0%	0.25
	初中或以下	U	0.3571	0.2099	−55.0%		−5.88***
		M	0.3571	0.0510	−4.8%	91.2%	−0.74
父亲单位类型	外企、国企、三资	U	0.7041	0.4937	43.9%		5.50***
		M	0.7041	0.6888	3.2%	92.7%	0.33
	私营、个体	U	0.5612	0.0937	−14.3%		−1.71*
		M	0.5612	0.0561	0.0%	100.0%	−0.00
	农林渔牧民等	U	0.0510	0.1441	−31.7%		−3.59***
		M	0.0510	0.0612	−3.5%	89.0%	−0.44
	其他	U	0.0357	0.1306	−34.9%		−3.84***
		M	0.0357	0.0306	1.9%	94.6%	0.28
母亲教育程度	大学或以上	U	0.7041	0.5550	31.2%		3.92***
		M	0.7041	0.7551	−10.7%	65.8%	−1.14
	初中或以下	U	0.0612	0.2306	−49.4%		−5.47***
		M	0.0612	0.0612	0.0%	100.0%	−0.00
母亲单位类型	外企、国企、三资	U	0.7092	0.5703	29.2%		3.66***
		M	0.7092	0.7551	−9.7%	66.9%	−1.03
	私营、个体	U	0.0306	0.6486	−16.1%		−1.87*
		M	0.0306	0.0102	9.6%	40.4%	1.43

续表

变量		匹配类型（匹配前 U/ 匹配后 M）	处理组	控制组	偏误比例	偏误降低比例	两组差异的 t 值
母亲单位类型	农林渔牧民等	U	0.0204	0.0910	−31.1%		−3.36***
		M	0.0204	0.0204	0.0%	100.0%	−0.00
家庭富裕程度		U	3.0459	2.8640	35.8%		4.51***
		M	3.0459	3.0663	−4.0%	88.8%	−0.42
学生干部		U	0.9031	0.9000	1.0%		0.13
		M	0.9031	0.9337	−10.3%	−900.0%	−1.11

注：*、**、*** 分别表示显著性水平为 10%、5% 和 1%。

附表 7　因变量：选修课平均分数的平衡性检验结果

变量		匹配类型（匹配前 U/ 匹配后 M）	处理组	控制组	偏误比例	偏误降低比例	两组差异的 t 值
性别		U	0.6283	0.5646	13.0%		1.64
		M	0.6283	0.6440	−3.2%	75.3%	−0.32
独生子女		U	0.9058	0.7654	38.5%		4.40***
		M	0.9058	0.9162	−2.9%	92.5%	−0.36
户口类别		U	0.9529	0.8057	46.3%		5.01***
		M	0.9529	0.9529	0.0%	100.0%	0.0
文理科	理科	U	0.7435	0.6416	22.2%		2.74**
		M	0.7435	0.7487	−1.1%	94.9%	−0.12
	不分文理	U	0.0341	0.0110	14.2%		2.21**
		M	0.0341	0.0341	0.0%	100.0%	0.00
家庭所在地区	东部	U	0.7068	0.5417	34.5%		4.27***
		M	0.7068	0.6545	11.0%	68.3%	1.10
	西部	U	0.1885	0.2099	−5.4%		−0.67
		M	0.1885	0.2251	−9.2%	−71.1%	−0.88
家庭所爱地类型	直辖市 / 省会	U	0.5288	0.3107	45.2%		5.93***
		M	0.5288	0.5550	−5.4%	88.0%	−0.51

续表

变量		匹配类型（匹配前U/匹配后M）	处理组	控制组	偏误比例	偏误降低比例	两组差异的t值
家庭所爱地类型	县级市以下	U	0.1780	0.4290	−56.7%		−6.66***
		M	0.1780	0.1728	1.2%	97.9%	0.13
父亲教育程度	大学或以上	U	0.8063	0.6105	44.1%		5.25***
		M	0.8063	0.8639	−13.0%	70.6%	−1.52
	初中或以下	U	0.0367	0.2062	−53.7%		−5.68***
		M	0.0367	0.0314	1.7%	96.9%	0.28
父亲单位类型	外企、国企、三资	U	0.7068	0.4977	43.7%		5.40***
		M	0.7068	0.7330	−5.5%	87.5%	−0.57
	私营、个体	U	0.0576	0.0917	−13.0%		−1.54
		M	0.0576	0.0419	6.0%	53.9%	0.70
	农林渔牧民等	U	0.0524	0.1412	−30.3%		−3.40***
		M	0.0524	0.0419	3.6%	88.2%	0.48
	其他	U	0.0367	0.1311	−34.5%		−3.76***
		M	0.0367	0.0367	0.0%	100.0%	−0.00
母亲教育程度	大学或以上	U	0.7016	0.5564	30.4%		3.77***
		M	0.7016	0.7696	−14.2%	53.1%	−1.51
	初中或以下	U	0.0628	0.2282	−48.2%		−5.29***
		M	0.0628	0.0471	4.6%	90.5%	0.67
母亲单位类型	外企、国企、三资	U	0.7068	0.5720	28.3%		3.51***
		M	0.7068	0.7540	−9.9%	65.1%	−1.04
	私营、个体	U	0.0314	0.0651	−15.7%		−1.81*
		M	0.0314	0.0209	4.9%	68.9%	0.64
	农林渔牧民等	U	0.0209	0.0871	−29.5%		−3.17***
		M	0.0209	0.0209	0.0%	100.0%	−0.00
家庭富裕程度		U	3.0471	2.8680	35.4%		4.38***
		M	3.0471	3.1204	−14.5%	59.1%	−1.55
学生干部		U	0.9005	0.9001	0.1%		0.02
		M	0.9005	0.9005	0.0%	100.0%	−0.00

注：*、**、*** 分别表示显著性水平为10%、5%、1%。

英才计划受访学生概况

　　本次研究的问卷的所有问题都为选择题或填空题，包括个人基本信息、英才计划参与情况和效果评价三个部分，因此只要收回后的问卷填答完整，数据符合常识，无逻辑错误，均认为是有效问卷。若问卷存在 3 处或以下的缺失值，采用均值替代法处理。对于存在大量缺失值的问卷，则按无效问卷处理。（以下图表将两类群体数据进行对比，全部学生数据统一放在前面，资优学生数据统一放在后面。）

　　全部学生数据共得到 533 份有效问卷，其中男生 366 人，占 68.7%，女生 167 人，占 31.3%。资优学生数据共得到 122 份有效问卷，其中男生 75 人，占 61.5%，女生 47 人，占 38.5%（如附图 1 所示）。

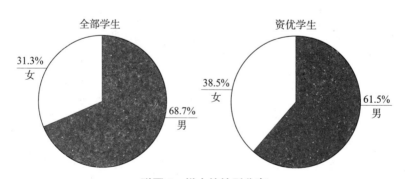

附图 1　样本的性别分布

样本在年级上的分布百分比如附图 2 所示，全部学生数据当中高二年级的学生最多，有 395 人，占 74.1%，高一年级的学生有 109 人，占 20.5%，高三年级的学生有 29 人，占 5.4%；资优学生数据也是高二年级的学生最多，有 108 人，占 88.5%，高一年级的学生有 1 人，占 0.8%，高三年级的学生有 13 人，占 10.7%。

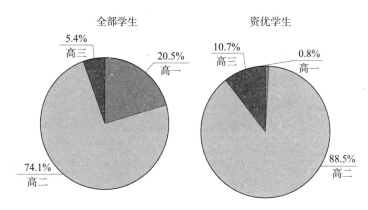

附图 2 样本的年级分布

样本的文理科分布情况如附图 3 所示，全部学生数据中，理科生最多，有 438 人，占 82.2%，文科生有 4 人，占 0.8%，还有 91 个学生未分文理科，占 17.1%；资优学生数据中也是理科生最多，有 99 人，占 81.1%，文科生有 3 人，占 2.5%，还有 20 个学生未分文理科，占 16.4%。

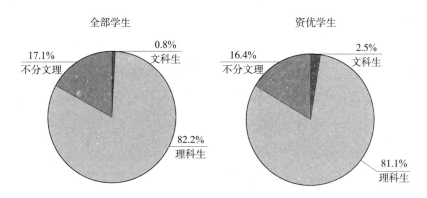

附图 3 样本的文理科分布

样本在班级上的分布情况如附图 4 所示，全部学生数据中重点班的学生有

462 人，占 86.7%，非重点班的学生有 71 人，占 13.3%；资优学生数据中重点班的学生有 104 人，占 85.2%，非重点班的学生有 17 人，占 13.9%。

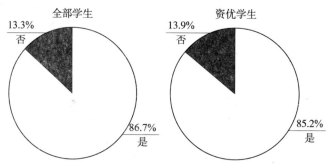

附图 4　样本的班级分布

样本父母工作类型的百分比分布情况如附图 5 所示，两类群体数据没有明显差异。在全部学生数据当中，母亲的工作类型中机关、企业、事业单位办事人员最多，占所有工作类型的 32.5%，其次是专业技术人员占所有工作类型的 21.0%；父亲的工作类型以专业技术人员（24.6%）和机关、企业、事业单位办事人员（22.9%）为主。在资优学生数据中，母亲的工作类型中也是机关、企业、事业单位办事人员最多，占所有工作类型的 49.6%，其次是各类经理人员，占所有工作类型的 15.7%；父亲的工作类型也是机关、企业、事业单位办事人员最多（31.4%），其次是各类经理人员（19.0%）为主。

样本父母最高学历的分布情况如附图 6 所示，两类群体的数据没有明显差异。在全部学生数据中，父母的最高学历中都是大学本科学历最多，其次是研究生学历和高职高专。其中，父亲当中大学本科学历的人数占总数的一半左右（50.3%），研究生学历占 28.1%，高职高专学历占 11.1%；母亲当中大学本科人数所占比例为 45.6%，研究生学历占 24.2%，高职高专学历占 14.3%。在资优学生数据中，父母的最高学历中也都是大学本科学历最多，其次是研究生学历和高职高专。其中，父亲当中大学本科学历的人数占总数的一半左右（43.4%），研究生学历占 35.2%，高职高专学历占 9.8%；母亲当中大学本科人数所占比例为 36.1%，研究生学历占 33.6%，高职高专学历占 12.3%。

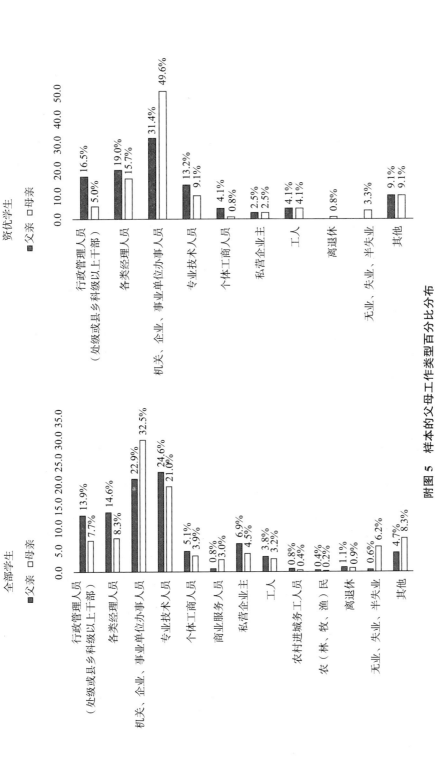

附图 5　样本的父母工作类型百分比分布

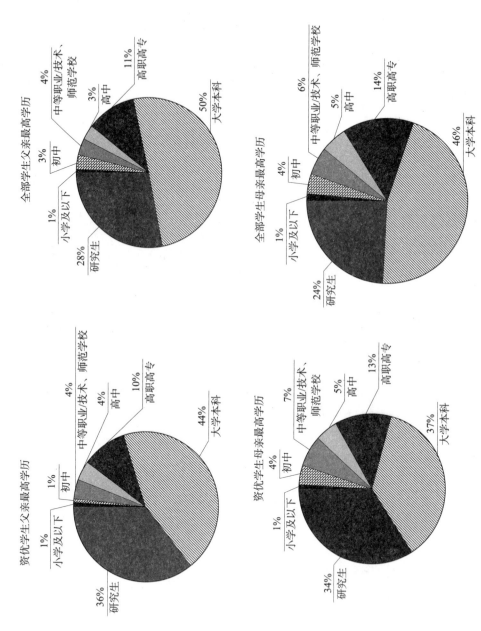

附图 6　父母亲最高学历百分比分布

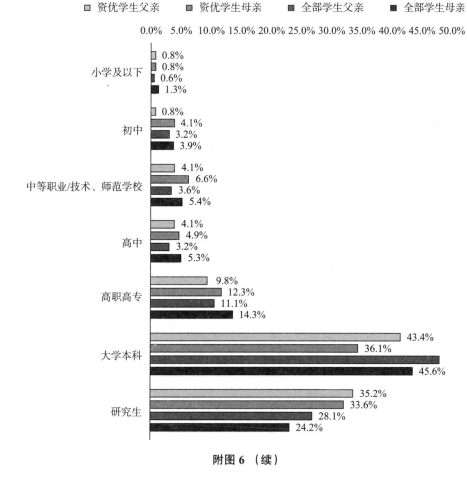

■ 资优学生父亲　　■ 资优学生母亲　　■ 全部学生父亲　　■ 全部学生母亲

附图 6 （续）

　　样本家庭年收入的分布情况如附图 6 所示，全部学生数据中大部分学生的家庭年收入在 11 万～30 万，其次是 6 万～10 万和 30 万以上，而资优学生数据中，没有学生的家庭年收入在 1 万以下，家庭经济情况较好，大部分学生的家庭年收入也是在 11 万～30 万，其次是 30 万以上和 6 万～10 万。

　　样本高一时的成绩年级排名情况如附图 8 所示，两类群体数据没有明显差异。在全部学生数据中，大部分学生高一时的成绩在年级的前 10%，占 65.3%，25.1% 的学生在高一时的成绩在年级的前 11%～25%，极少一部分学生高一成绩在年级的前 26%～50% 和后 50%；在资优学生数据中，大部分学生高一时的成绩在年级的前 10%，占 58.0%，26.9% 的学生在高一时的成绩在年级的前

11%～25%，极少一部分学生高一成绩在年级的前26%～50%和后50%。可以看到，成绩在10%的学生比例有所下降，成绩在前26%～前50%的学生比例有所上升。

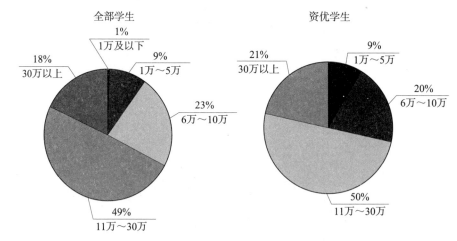

附图7 样本的家庭年收入分布百分比

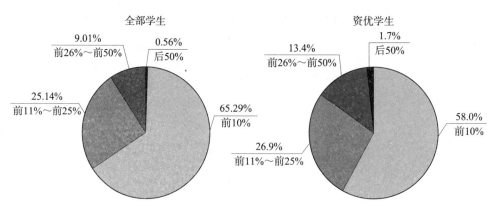

附图8 样本的高一成绩年级排名情况

样本高中毕业计划去向的分布情况如附图9所示，全部学生数据中计划高中毕业在国内读大学的学生有463人，占86.9%，计划出国读大学的学生有54人，占10.1%，3%学生高中毕业后有其他打算；资优学生数据中计划高中毕业在国内读大学的学生有115人，占95%，计划出国读大学的学生有7人，占5%。可以看到资优学生的学生中出国上大学的比例更多，而全部学生的学生中

毕业去向种类更多，且更多比例学生在国内读大学且还有少部分学生是其他的
毕业去向。

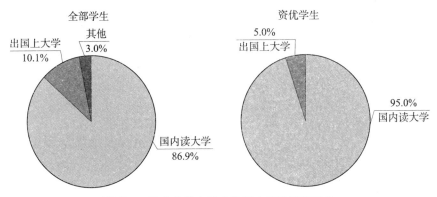

附图 9 样本的高中毕业计划去向分布百分比

后 记

　　2013 年的夏天，我还在斯坦福大学做博士后。一次非常偶然的机会得知中国高校刚刚启动了大学先修课项目，这一下吸引了我的注意。我在美国学习期间，了解到美国大学先修课在中学生培养和大学招生中发挥着至关重要的作用，很好奇中国的大学先修课是否复制了美国模式、在中国特色的教育体制下大学先修课将何去何从。适逢当时全国教育科学规划课题申报之时，我提交了课题申请书，计划从中学与大学教育衔接的角度对中国大学先修课的发展进行评估。十分有幸获得了全国教育科学规划的资助，这也是此书最终得以面世的重要起因。

　　中学与大学的教育衔接并不是一个新问题，也不是中国特有的问题，只是在中国特色的高考制度背景下，中学与大学教育之间的断裂尤为突出，各相关主体似乎也没有足够的动力去弥补这一裂痕。系统性的改革难以推进，但衔接中学和大学教育的创新人才培养项目却层出不穷，除了各高校和中国教育协会创立的大学先修课项目，还有中国科技协会青少年科技中心主办的英才计划项目在全国的影响范围较为广泛。

　　尽管不同项目的目标多样，实施主体也不尽相同，但共同的特点是面向那些学有余力的高中生，换句话说，这是针对精英学生的培养和选拔项目。为什么仅针对精英学生呢？概括来说，首先，在"钱学森之问"的背景下，与教育相关的政府部门有义务和责任参与到创新项目的建设和创新人才的培养中来。其次，大学希望通过项目培养和评价识别出真正具有学习潜力的学生，作为高考外自主招生的重点考察对象；最后，中学也希望能与大学建立密切的联系，通过共同培养的形式为大学输送更多优秀的中学生，并不断提高中学声誉。

本书力图从项目评估的角度分析这些创新人才培养项目的实施过程和效果。从本书所呈现的评价结果来看，这些项目的确在学生中产生了积极的影响，可以有效识别出精英学生，提高他们的学科兴趣，学生对自己参与项目前后的收获也都有程度不一的正面评价。这些项目可谓是在促进中学和大学教育衔接方面的积极尝试。

另一方面，也需要清醒地认识到，这些项目面向的是学有余力的少数精英学生，对于绝大多数学无余力而一心指向高考的学生来说，难道不面临中学和大学教育断裂的问题吗？答案当然是否定的。那么，如何促进他们从中学到大学教育的顺利过渡呢？ 2013 年高考改革试点在浙江和上海启动，我也有幸连续多年参与了教育部委托开展的对浙江高考改革的评估项目。不可否认，只有系统性的改革才有望改变多数人的境遇。只是全面实现中学与大学教育的衔接谈何容易？

本书当然有其局限。从项目评估的角度而言，更加科学严谨的做法是比较项目实施前后的人才培养差异，或者参与项目的学生和没有参加项目的学生的差异，这些差异才是项目的真正效果。但是受制于数据可得性，本书只能获取那些参与项目学生的信息，因此就其评价效果而言，可能会造成高估。另外，受研究周期所限，本书所能评价的也仅仅是短期效果，从人才培养的效果而言，尤其需要的是对其长期效果的检验。本书难免存在其他疏漏和不足之处，仅将其作为该研究领域的一项初步成果与读者分享，后续研究仍有待进一步推进。

本书在调研和撰写的过程中，承蒙诸多机构、同事和学生的帮助。衷心感谢北京大学考试研究院和中国科协青少年科技中心在调研过程中给予的大力支持！感谢北京大学教育学院秦春华研究员、朱红副教授，你们是我完成这项研究的领路人和陪伴者！感谢课题组主要成员黄琬萱、黄依梵、熊煜、杨海燕、马川菌、于思化、李卓、彭程等同学，正是你们的全力参与才使得该项研究顺利完成！

谨以此书献给我的父母、公婆和先生，献给天上的爷爷和姥姥，你们是我的至亲至爱！也特别献给我的儿子！我想借此书告诉他：你是妈妈不断自省和反思的动力，你的出现，让我对教育有了更深的感悟和更多的责任！谢谢你！